THERIGATHA

Poemas budistas
de mujeres sabias

Versión e introducción de Jesús Aguado

editorial Kairós

Esta obra ha recibido una ayuda a la edición del
Ministerio de Educación, Cultura y Deporte.

Primera edición: Diciembre 2016
ISBN: 978-84-9988-527-8
Depósito legal: B 21.704-2016

Fotocomposición: Moelmo, SCP. Girona, 53. 08009 Barcelona
Tipografía: Times, cuerpo 11, interlineado 12,8
Impresión y encuadernación: Romanyà-Valls. Verdaguer, 1. 08786 Capellades

SUMARIO

Introducción   9

Therika   15
Mutta   17
Punna   18
Tissa   19
Otra Tissa   20
Dhira   21
Otra Dhira o Vira   22
Mitta   23
Bhadra   24
Upasana   25
Otra Mutta   26
Dhammadinna   27
Visakha   29
Sumana   30
Uttara   31
Otra Sumana   32
Dhamma   33
Sangha   34
Abhirupananda   35

Jenta (o Jenti) 37
La madre de Sumangala 38
Addhakasi 39
Chitta o Citta 41
Mettika 43
Otra Mitta 45
La madre de Abhaya o Padumavati 46
Abhaya 48
Sama 50
Otra Sama 52
Uttama 54
Otra Uttama 56
Dantika 58
Ubbiri 60
Sukka 63
Sela 65
Soma 67
Bhadda Kapilani 69
Monja anónima o Vaddhesi 73
Vimala 75
Siha 77
Sundarinanda 79
Nanduttara 81
Mittakali 83
Sakula o Pakula 85
Sona 87
Bhadda Kundalakesa 89
Patachara o Patacara 92
Treinta monjas seguidoras de Patacara 95
Chanda o Canda 97

Quinientas monjas seguidoras de Patacara 99
Vasetthi o Vasitthi. 101
Khema 103
Sujata 106
Anopama 108
Mahapajapati Gotami. 110
Gutta. 114
Vijaya. 116
Uttara 118
Chala o Cala. 120
Upachala o Upacala 122
Sisupachala o Sisupacala 124
La madre de Vaddha. 126
Kisagotami. 128
Uppalavanna. 131
Punna (o Punnika) 134
Ambapali 137
Rohini. 142
Chapa o Capa. 146
Sundari. 151
Subha, la hija del orfebre 157
Subha, la de la arboleda Jivakamba 162
Isidasi. 168
Sumedha. 175

INTRODUCCIÓN

Poco después de que el Buddha comenzara a propagar sus enseñanzas (según unos, vivió entre el 560 y el 480 a.C y, según otros, entre el 460 y el 380 a.C.), se organizaron las órdenes religiosas que agrupaban a los hombres y, un tiempo después, a las mujeres. Estas monjas o *bhikkhunis*, que llevaban una existencia austera y retirada del mundo al igual que sus compañeros varones, algo en sí mismo revolucionario en una época de enormes rigideces sociales, sobre todo en lo que se refiere a las mujeres, compusieron poemas que contaban sus respectivos caminos espirituales (en muchos casos con abundantes datos autobiográficos y gran riqueza de referencias históricas y cotidianas) y que pretendían animar a sus oyentes a abandonarlo todo y a emprender la senda de la liberación predicada por el budismo. Estos poemas, compuestos probablemente en magadhi, se transmitieron de forma oral durante siglos por las denominadas *therigathas* (literalmente, «canciones o poemas de ancianas sabias o de mujeres que se han hecho sabias o crecido en sabiduría») hasta que fueron fijados en hojas de palma e incorporados al canon budista pali con ocasión del gran congreso convocado en Sri Lanka por el rey Vattagamani entre los años 89 y 77 a.C. Posteriormente, entre los siglos v y vi de nuestra era, el gran erudito Dhammapala los ordenó tal y como hoy los conocemos (de mayor a menor extensión según el número de estrofas que contienen) y les añadió la historia personal de cada una de las autoras para contextualizarlos mejor y para que esas apasionantes vidas ejemplares, trufadas en ocasiones de elementos legendarios, sirvieran a su vez de inspiración entre quienes las leyeran o escucharan. Se conservan 73 poemas. Menos los 13 últimos, demasiado largos, con demasiadas voces en ocasiones y más narrativos, que ofrezco en prosa, los demás los he trasladado en verso.

Estas versiones las he hecho a partir de las cinco traducciones disponibles en inglés y apoyándome, además de en las muchas notas que contienen, en otros estudios complementarios. Mi intención ha sido que puedan leerse en castellano con fluidez y sin necesidad de tener grandes conocimientos sobre el budismo o la India de aquella época. No ha sido la mía la labor de un erudito, aunque me he documentado todo lo más que he podido, sino la de un poeta que ha intentado, salvando las enormes distancias temporales, culturales y geográficas, ponerse en sintonía con las voces y los textos a los que ha tenido que enfrentarse. Por eso mismo, el resultado tiene más que ver con la poesía que con la historia (otro asunto a discutir es si la poesía como disciplina intelectual le hace más justicia a los hechos históricos que la historiografía propiamente dicha) y está dirigido al lector sensible en sentido amplio, más que al lector académico en sentido restringido. En coherencia con esto, he reducido al mínimo la terminología técnica y las alusiones mitológicas, que cuando aparecen corren el riesgo de detener la lectura, oscurecerla e incluso frustrarla por completo. Las notas al pie, en trabajos como el que pretende ser este, son zancadillas más que muletas para al entendimiento. Aun así, hay algunas cosas, dado el carácter legendario de algunas de las historias recurrentes tanto de los poemas como de las notas biográficas, que permanecen tal cual y que aclaro, *grosso modo*, a continuación:

1) Tanto para el budismo Hinayana como para el Mahayana, el Buddha histórico fue precedido y será sucedido por innumerables *buddhas*, algunos de los cuales son mencionados en bastantes de las biografías de las monjas, a las cuales se las relaciona, cuando se relatan sus vidas anteriores, con determinados *buddhas* del pasado.

2) En uno de los primeros poemas se menciona a Rahu, que era el nombre del demonio posvédico responsable de los eclipses de sol y de luna.

3) En algunas biografías se mencionan distintos clanes, tribus y pueblos de la época: sakias, licchavis o kurus.

4) Karma: acción, todas las actividades del hombre tanto físicas como mentales. Según la concepción hindú, el hombre se encuentra en esta o posteriores vidas con las consecuencias de todas sus acciones.

5) Nirvana o *nibbana*: estado que resulta de la cesación de las pasiones y de sus causas; estado de paz de liberación no condicionado. El Buddha nunca dio una definición precisa del mismo, pero insinuó que es un estado que trasciende la nada y la eternidad y que es indecible e indescriptible. La mayoría de veces la he traducido describiendo sus efectos, aunque

en otras, dependiendo del contexto, la he mantenido como tal.

6) Dharma o *dhamma*: es «lo que sostiene» el orden cósmico, social y personal, la ley, la naturaleza del hombre, de la sociedad, del universo. Como en el caso anterior, la mayoría de las veces he vertido esta expresión eligiendo una o varias de estas acepciones. Hay que recordar que el budismo (que le atribuye diez sentidos principales)[*] designa también la enseñanza del Buddha y la vía para alcanzar el despertar.

7) Meru: según la cosmología búdica, gran montaña axial del universo.

8) Las Cuatro Nobles Verdades son: el sufrimiento, el origen del sufrimiento, el nirvana (o nibbana) y el Camino.

9) El Camino o Sendero es Óctuple, como se dice en muchos de estos textos, porque tiene ocho factores que se describen como rectos o justos. Según Peter Harvey: recta visión o recto entendimiento; recto pensamiento; recta palabra; recta acción; recto modo de subsistencia; recto esfuerzo; recta atención; y recta concentración.[**]

10) Samsara: estados de existencia sucesivos condicionados por la ignorancia donde reina el sufrimiento en grado mayor o menor según haya sido el karma.

11) *Vihara*: nombre dado a los monasterios budistas.

12) El Cielo de los Treinta y Tres Dioses es, entre los cielos o *lokas* hindúes, aquel donde reina Indra.

---

[*] Cornu, P. (2004, pág. 146).
[**] Harvey, P. (1998, pág. 94).

13) En ocasiones se mencionan los 10 poderes de los iluminados. Según Philippe Cornu: el poder de conocer lo que está fundado y lo que no lo está; el poder de conocer los resultados del karma; el poder de conocer las diversas aspiraciones de los seres; el poder de conocer los diversos temperamentos de los seres; el poder de conocer las distintas facultades intelectuales de los seres; el poder de conocer todas las vías y sus fines; el poder de conocer los fenómenos mancillados y los puros; el poder de conocer las existencias anteriores; el poder de conocer la muerte de los seres y sus nacimientos; y el poder de conocer cómo se llega al agotamiento de las mancillas o vertidos.[*]

Esta colección de poemas, nunca vertida a nuestra lengua, está considerada la primera antología universal de literatura femenina. Su calidad y hondura propiamente literarias ha sido atestiguada por todos los que las conocen, algunos de los cuales las igualan en importancia a las grandes composiciones de esos genios de la poesía y la espiritualidad de la India que fueron Kalidasa, Kabir, Mirabai y muchos otros. Forman, además, por ser contemporáneos del mismo Buddha, un testimonio de primera importancia para conocer el budismo de los orígenes según lo vivieron estas mujeres devotas y valientes que no dudaron en enfrentarse a las convenciones de su tiempo para conseguir la liberación y la iluminación.

[*] Cornu, P. (2004, pág. 80).

BIBLIOGRAFÍA UTILIZADA

Cornu, Philippe, *Diccionario Akal de Budismo*, Akal, trad- Francisco Javier López, Madrid, 2004.

De Palma, Daniel, *Diálogos con Buddha. Doce suttas del Majjima Nikaya*, Miraguano, Madrid, 1998.

De Palma, Daniel, *El camino de la iluminación. Nueve suttas del Digha Nikaya*, Miraguano, Madrid, 2000.

Dragonetti, Carmen, *Udana. La palabra de Buda*, Barral, Barcelona, 1972.

Dragonetti, Carmen, *Dhammapada*, Círculo de Lectores, Barcelona, 2000.

Hallisey, Charles, *Therigatha. Poems of the First Buddhist Women*, Murty Classical Library of India, Harvard University Press, Londres, 2015.

Harvey, Peter, *El budismo*, trad. Silvia Noble, Cambridge University Press, Madrid, 1998.

Muller, E., *Paramatthadipani. Dhammapala's commentary on the Therigatha*, Oxford University Press, Londres, 1983.

Murcott, Susan, *The First Buddhist Women. Translation and Commentary on the Therigatha*, Parallax Press, Berkeley, 1991.

Norman, K. R., *The Elders' Verses II. Therigatha*, Pali Text Society, Luzac and Company, Londres, 1971.

Rhys Davids, C., *Psalms of the Early Buddhist. Psalms of the sisters, Pali Text Society*, Oxford University Press, Londres, 1909.

Stutley, Margaret y James, *A dictionary of Hinduism*, Routledge and Kegan Paul, Londres, 1985.

Tola, Fernando y Dragonetti, Carmen, *Budismo Mahayana*, Kier, Buenos Aires, 1980.

Waldman, Anne, y Schelling, Andrew, *Songs of the Sons and Daughters of Buddha*, Shambala Centaur Editions, Boston, 1996.

THERIKA

En una vida pasada honró a un Buddha anterior, el Buddha Konagamana, con su delicada hospitalidad. Le recibió en una pérgola de ramas entrelazadas, suelo de tierra apisonada, flores y perfumes. Gracias a este acto meritorio, renació distintas veces entre dioses y hombres hasta hacerlo en una familia de casta brahmana de la ciudad de Vesali. Cuando el Buddha predicó allí, se hizo discípula suya. Más tarde, después de escuchar un sermón de Pajapati, decidió ingresar en la comunidad de monjas. Pero su marido no le dio permiso para hacerlo. Un día, mientras cocinaba, se produjo una gran llamarada que consumió del todo el curry que estaba preparando. Gracias a ese hecho cotidiano, aprendió la enseñanza budista sobre la impermanencia. Desde ese momento, y como hacían las que ya habían sido ordenadas, prescindió de joyas y adornos. Este detalle convenció a su marido de que su devoción era genuina y él mismo la condujo, acompañados ambos de un gran séquito, ante Pajapati, que la ordenó monja. Se destacó por su robustez física y espiritual.

Duerme tranquila, mi pequeña.
Un manto te cobija
que tú misma has tejido.
Y por fin tus deseos se han secado
como hierbas al sol dentro de un cuenco.

MUTTA

Su nombre significa «mujer libre» (libre en el sentido de iluminada, de alguien que se ha deshecho de sus ataduras). Procedía de familia brahmana. A la edad de veinte años se unió a la congregación de monjas de la mano de Pajapati, que fue también la que le enseñó a meditar. Este poema lo recitó en tres ocasiones: cuando lo «vio» delante de ella (un regalo del propio Buddha, que se le reveló como si estuviera sentado a su lado), cuando alcanzó la iluminación y cuando presintió que estaba a punto de morir.

Libérate de aquello que te ata.
Como la luna,
libérate de Rahu y sus mandíbulas
oscuras y voraces.
Con una mente libre
y sin deudas ni nudos,
aprende a disfrutar de la comida
que les sobra a los otros.

PUNNA

De sus vidas anteriores se sabe que en una época fue un hada que habitaba la orilla del río Candabhaga. Como tal, en una ocasión ofreció una guirnalda de juncos a un *pacceka buddha* (un iluminado que no intenta ayudar a otros a alcanzar ese estado ni predica sermones y que por eso es conocido como «buda silencioso»), acción benéfica que con el tiempo la hizo renacer en el seno de una familia acomodada de Savatthi. Como a tantas otras, fue Pajapati quien la ordenó monja cuando todavía era muy joven.

Después de quince días,
llena de sí la luna resplandece.
Haz lo mismo y sé sabia poco a poco

y con tu propia luz ábrete paso
por la densa ignorancia de la noche.

TISSA

Nació en Kapilavatthu y pertenecía al clan de los *sakiyas*. Era miembro de la corte de Bodhisat hasta que Pajapati la ordenó monja.

Practica sin cesar.
No desmayes, practica.
Practica hasta romper tus ataduras.
Practica hasta ser libre
del yo y sus opiniones,
de los sentidos venenosos,
de nuevos nacimientos.

OTRA TISSA

No se sabe nada específico sobre ella.

Aprovecha las oportunidades,
ahora que las tienes,
de cultivar tu luz más verdadera.
O acabarás gritando en el infierno
tanto tiempo perdido en otras cosas.

DHIRA

No se sabe nada específico sobre ella.

Aplaca tus sentidos.
Renuncia a tus deseos.
Cuando apagues tus llamas,
serás por fin feliz
y libre y puro gozo.

OTRA DHIRA O VIRA

No se sabe nada específico sobre ella.

Eres valiente y decidida
y has practicado mucho
hasta alcanzar un gran conocimiento.
Este cuerpo es, por tanto,
el último que tienes.
¡Pero cuidado, no
permitas que la Muerte
entre en él y lo lleve
de regreso a la vida!

MITTA

Pertenecía a la tribu de los sakya y apenas se sabe de ella que no encontró la paz hasta que se convirtió al budismo y se hizo monja.

Tu fe te trajo aquí
y ahora tus amigas
son otras y las quieres
por sus buenas acciones
y sus buenas palabras.
Cultiva tus virtudes
y alcanzarás la paz definitiva.

BHADRA

No se sabe nada específico sobre ella.

Eres afortunada
porque tu fe te trajo aquí.
Y tu gran devoción te pone a salvo
de aquello que dejaste
atrás y para siempre.

UPASANA

No se sabe nada específico sobre ella.

Las aguas bajan bravas
en el río feroz
que gobierna la muerte.
Si no pierdes la calma,
no podrá cabalgar
esa muerte tu cuerpo nunca más.

OTRA MUTTA

Fue hija de una familia brahmana pobre que vivía en el país de Kosala. Su padre, de nombre Oghataka, la casó con un brahmán también pobre y además jorobado que la hacía muy infeliz. Con el tiempo le acabó convenciendo de que le diera permiso para separarse de él y ordenarse monja budista. Se entregó tan a fondo y con tanto ardor a su nueva vida que no tardó en alcanzar el estado de beatitud suprema.

> ¡Estoy libre, estoy libre
> de tres cosas torcidas:
> el mortero y su mano
> y un marido de espalda jorobada!
> ¡Estoy libre, estoy libre
> del nacimiento y de la muerte
> y de las ataduras del pasado!

DHAMMADINNA

En la época del Buddha Padumuttara, vivía en Hansavati y trabajaba como sirviente. Por haber atendido a uno de los principales iluminados de su tiempo, al que cuidó mientras se recuperaba de un trance de carácter cataléptico, acumuló méritos gracias a los cuales renació sucesivamente entre dioses y hombres hasta hacerlo en el seno de la corte de Kiki, a la sazón rey de Kasi, como una de sus siete hermanas. Allí vivió en santidad durante 20.000 años. Al final volvió a nacer, en tiempos del Buddha histórico, en Rajagaha, donde se casó con un hombre acomodado. Un día su marido escuchó un sermón del Buddha y se quedó tan pensativo que, cuando regresó a casa, no se comportó como solía: dejó de sonreír a su esposa cuando le recibía, como siempre, apoyada en la ventana; dejó de devolverle el saludo con la mano que ella le hacía cuando entraba por la puerta, y dejó de invitarla a unirse a él cuando ella le servía la comida. Cuando él volvió, por decirlo de alguna manera, en sí, la mandó llamar y le anunció que, después de haber escuchado las palabras del Buddha, había entendido muchas cosas esenciales y que, a causa de ello, estaba considerando la posibilidad de ordenarse monje. De acabar haciéndolo, no volvería a tocar a una mujer y le dejaría a ella en herencia todos sus bienes. Dhammadinna le dijo que quería renunciar al mundo también ella. Su marido, entonces, aceptando su decisión, la envió en un carruaje dorado al monasterio de las monjas, donde se entregó con tanto fervor a la práctica del budismo que en poco tiempo alcanzó altos niveles de autorrealización. Después de un tiempo regresó a su hogar, encontrándose la sorpresa de que su marido, después de todo, no se había hecho monje. Pero como su interés seguía siendo genuino, aprovechó la circunstancia para que su exmujer le ayudara a comprender algunas cuestiones doctrinales. A sus preguntas ella contestó tan fácilmente «como un cuchillo corta en dos el tallo de un loto». Estas respuestas de Dhammadinna a su marido se consideran «palabra del Buddha» (*Buddhavacana*) y, como tales, fueron incorporadas a una sección del *Majjhima Niyaka*. El poema también aparece, cambiado a género masculino, en el *Dhammapada*. El Buddha dijo de ella que era la monja más dotada para la predicación.

> Las ganas de ser libre
> y sofocar con mente clara
> los malos pensamientos y el deseo:
> así remontarás
> la corriente del río hasta tu origen.

VISAKHA

No se sabe nada específico sobre ella.

Haz lo que el Buddha te ha enseñado,
no te arrepentirás.
Lava tus pies y siéntate y medita
apartada de todos.

SUMANA

Retrasó su ingreso como monja en la orden budista para cuidar a su abuela y a su hermano Pasenadi, rey de Kosala. Cuando la primera falleció, su hermano la acompañó a la comunidad fundada por Pajapati, que fue quien la ordenó. Aunque ya era una anciana, su devoción al Buddha había sido tan grande durante su vida como laica que ese mismo día, después de escuchar uno de sus sermones, alcanzó la iluminación.

Cuando veas que todo,
hasta lo más pequeño,
nace del sufrimiento,
encontrarás la paz que necesitas
para no desear nacer más veces.

UTTARA

No se sabe nada específico sobre ella.

Una vez que controles tus palabras,
tus actos y tu mente
y arranques de raíz cualquier deseo,
podrás, serena y desapasionada,
alcanzar el nirvana.

OTRA SUMANA

Nació en Savatthi como hermana del rey de Kosala. Después de escuchar el sermón del Buddha, ofrecido al rey Pasenadi, que comienza «Hay cuatro seres a los que hay que tener en cuenta» (se refiere al príncipe, a la serpiente, al fuego y al *bhikkhu* o monje, ya que cualquiera de ellos es capaz por igual de lo bueno y de lo malo), se convirtió al budismo. Como no quería abandonar a su abuela, solo cuando esta falleció fue, acompañada por el rey, a Vihara, donde, después de hacer grandes ofrendas de alfombras y chales a la orden, tomó los votos y se dispuso a recoger los frutos del Sendero Sin Retorno.

¡Descansa, venerable
anciana, ya te toca!
Con el manto que has hecho con tus manos,
arrópate y descansa.
Tus pasiones por fin se han enfriado.
¡Anciana venerable,
descansa en paz y libre!

DHAMMA

Nació en Savatthi en el seno de una familia acomodada. Cuando escuchó predicar al Buddha, quiso hacerse monja, pero su marido no se lo permitió. Ella, respetuosa con esta decisión, siguió cumpliendo sus deberes hasta que él falleció. Como cuenta el poema, experimentó la iluminación un día que, de regreso a su ermita después de su ronda diaria mendigando alimentos, se desequilibró y cayó al suelo.

Camino mendigando mi comida.
Me apoyo en una rama
porque ya no me quedan casi fuerzas.
Y a pesar de esta ayuda,
contra el suelo
mi frágil cuerpo da
y me recuerda
su pobre impermanencia.
¡En ese mismo instante me libero!

SANGHA

Aunque hay quienes afirman que perteneció al harén de Siddharta, en realidad fue, al parecer, una vaquera de la casta
vaisya casada con un granjero.

Lo he abandonado todo en este mundo.
He abandonado un hijo y el ganado.
He abandonado el odio y el amor
y también la ignorancia he abandonado.
He abandonado aquello que anhelaba.
Ya puedo abandonarme libremente
a la paz del nirvana.

ABHIRUPANANDA

Pertenecía a una familia sakya de Kapilavatthu. Su nombre significa «la que se extasía con la belleza». Se dice que en una vida anterior, en la época del Buddha Vipassi, nació en Bandhumati como hija de una familia acomodada. Al fallecer su maestro, del que era una laica muy devota, depositó sobre sus cenizas como ofrenda un parasol tachonado de joyas. Gracias a este gesto, primero renació en distintos cielos, hasta hacerlo en Kapilavatthu. Cuando le tocó escoger marido entre varios pretendientes, el elegido, Carabhuta, falleció ese mismo día. Como sus padres no querían correr el riesgo de que algo así volviera a suceder, y a pesar de la oposición de ella, que quería casarse, la obligaron a renunciar al mundo y hacerse monja budista. Un día Gautama Buddha le dijo a Pajapati que reuniera a las monjas para que escucharan uno de sus sermones. Abhirupananda se negó a ir y envió una especie de representante. Pero el Buddha la obligó a comparecer en persona. Luego, y como ya había hecho en alguna otra ocasión, hizo aparecer una mujer tan hermosa como ella que fue envejeciendo rápidamente ante sus ojos. A partir de entonces se entregó a las práctica budistas con devoción, sinceridad y perseverancia.

Mira bien este cuerpo:
está podrido y roto,
es nauseabundo, es sede
de mil enfermedades.
Mira bien este cuerpo
y cultiva tu mente
en lo desagradable concentrada.

Erradica de ti la presunción
de ser más que los otros,
los prejuicios, la loca vanidad.
Solo entonces, serena y libre al fin,
podrás andar en paz
por los arduos senderos de la vida.

JENTA (O JENTI)

Pertenecía a la tribu de los licchavis y vivía en Vesali. Una vez ordenada monja, adquirió con mucha rapidez las siete cualidades de la persona iluminada a las que se refiere el poema: concentración, energía, arrobo, conocimiento, serenidad, ecuanimidad y autoconciencia.

He transitado todos los senderos
de la iluminación.
Las palabras del Buddha
han madurado en mí
como fruta en el árbol.

He visto con mis ojos al Señor
—bendito sea y alabado—
y por eso mi cuerpo
no volverá a ser presa
del vértigo de un nuevo nacimiento.

LA MADRE DE SUMANGALA

De familia pobre de Savatthi, fue esposa de un cestero. No se conserva su nombre. Se hizo monja budista siguiendo los pasos de su hijo Sumangala. El poema relata el día en que, rememorando todo lo que había sufrido antes de ordenarse, obtuvo la iluminación.

¡Libre, soy libre!
Libre de la cocina y del mortero,
del trabajo pesado de una casa,
de los cacharros sucios.
Libre de mi marido insoportable.
Libre también de la sombrilla bajo
la que trenzaba cestas de bambú
(recordarla me da escalofríos).

Apenas un susurro, y me abandonan
la lujuria y el odio.
Y me siento a los pies
de algún árbol frondoso
y empiezo a meditar
en la felicidad que me hace libre.

ADDHAKASI

Como en una vida anterior había insultado a una renunciante llamándola prostituta, fue condenada a renacer como tal. Basándose en el hecho de que Kasi significa «1.000» y Addha «mitad», hay dos versiones de su nombre: o que ella cobraba la mitad de 1.000 monedas por sus servicios o que, como ni los más ricos podían permitirse pagar la tarifa completa, solo contrataban la mitad de los mismos. Una tercera versión, insinuada en el poema según algunas traducciones (sobre todo la de Charles Hallisey) y recogida, por verosímil, en la nuestra, es que, a medida que se iba haciendo mayor, su tarifa fue disminuyendo hasta la mitad de lo que había comenzado a ser. Aunque vivía en Kasi, el nombre por el que se conocía entonces a la actual Benarés, no llegó a escuchar el primer sermón del Buddha, que dio muy cerca, en el Parque de los Ciervos de Sarnath, pero sí otro poco después. Fue eso, y lo que cuenta más abajo, lo que la hizo renunciar a todo y unirse a la congregación de monjas budistas.

Mi precio equivalía a los impuestos
recaudados por esta gran ciudad.
Eso fue entonces porque luego

me daban mucho menos mis clientes.
Mi cuerpo, poco a poco,
nos dejó de gustar a ellos y a mí.

Mi cuerpo, hecho de sexo y de monedas,
cesó de interesarme.
Ya no quiero nacer y renacer
y probarme más cuerpos
porque sé lo que valen.
Buddha ha abierto mis ojos,
que ven lo que no ve la mayoría,
y no quiero volver entre los vivos.

CHITTA O CITTA

En uno de sus anteriores nacimientos fue un hada que adoraba y ofrecía flores a un *buddha pacceka* o buda silencioso. Como resultado de esta buena acción, renació innumerables veces entre hombres y dioses hasta que lo hizo en Rajagaha en el seno de una familia importante. Fue ordenada monja por Pajapati. No alcanzó la iluminación hasta un día en que, ya mayor, estaba meditando y realizando sus ejercicios ascéticos en la cima del Pico del Buitre, un lugar no muy alto, pero sí bastante rocoso, desde el que puede contemplarse una hermosa visión de las colinas y bosques circundantes.

Soy una anciana débil y enfermiza.
Pero aun así me ayudo de un bastón
y asciendo paso a paso por las rocas.

Una vez en la cima,
me desvisto del manto
y vuelco el contenido de mi bol
de mendicante. Luego
me apoyo en una piedra y de repente

la gran oscuridad de la ignorancia
se disuelve en la luz.
¡Se disuelve en la luz!

METTIKA

Gracias al mérito acumulado de haber ofrecido, en una vida anterior, un cinturón de joyas a una encarnación previa del Buddha, acabó naciendo, después de vueltas y revueltas por mundos y cielos, en el seno de una importante familia brahmana de Rajagaha. Su experiencia fue muy parecida a la de Citta, y por eso algunos de los versos de ambas son muy similares, aunque en su caso la iluminación no se produjo en el Pico del Buitre, sino en una colina muy cercana cuyo nombre no ha trascendido.

Mi juventud se fue hace ya tiempo.
Estoy débil y enferma. Sin embargo,
en un palo me apoyo
y asciendo la montaña.

Al llegar a la cima
me despojo del manto
y vuelco el contenido de mi bol
de mendicante.
Me siento en una roca.
Mi corazón de pronto queda libre,

mi mente queda libre.
Las palabras del Buddha me liberan
para siempre de mí.

OTRA MITTA

Nació en el seno de una familia noble durante la época de Vipassi Buddha, donde acumuló karma positivo ofreciendo alimentos y vestiduras de calidad a una anciana renunciante de
alguna orden religiosa sin especificar. Más adelante renació
en Kapilavatthu como miembro de una familia emparentada
con la realeza de la poderosa tribu de los sakiyas. Abandonó
el mundo de la mano de Pajapati.

Ayuné más que nadie para así
merecerme nacer entre los dioses.
Ayuné y ayuné cada quincena
varios días alternos
para ser una diosa entre los dioses.

Hoy tomo una comida
al día y la mendigo.
Hoy tengo la cabeza
afeitada y me visto
siguiendo los preceptos de la orden.
Hoy ya mi corazón no tiene miedo
y por eso he dejado de querer
ser diosa entre los dioses.

LA MADRE DE ABHAYA
O PADUMAVATI

En la época de Tissa Buddha, en una ocasión en que este estaba pidiendo comida, ella llenó su bol con una gran cucharada, hecho que tuvo consecuencias positivas para ella en posteriores renacimientos. Paduma significa «loto» y Padumavati era una diosa india de las serpientes. Fue, en tiempos del Buddha histórico, una famosa prostituta radicada en Ujjeni. Su reputación era tan grande que el rey Bimbisara quería conocerla a toda costa. Gracias a un espíritu, que le transportó hasta la ciudad de ella, pudo cumplir su deseo. Como resultado de ese encuentro, ella quedó embarazada y acordaron que si tenía un varón lo enviaría junto a su padre, algo que ella hizo cuando el niño cumplió siete años. Allí fue educado en la corte y acabó convirtiéndose en monje budista. Su madre siguió el ejemplo de su hijo, de nombre Abhaya, poco después. El poema comienza, de hecho, con unas palabras que su hijo le dirige a ella.

Abhaya:

Madre, desde la planta de los pies
hasta el pelo que abunda en la cabeza,
¿no es impuro este cuerpo y nauseabundo?

Padumavati

Meditando en tus sabias
palabras, he arrancado
de raíz la lujuria y las pasiones.
Sofocada la fiebre,
en la paz del nirvana vivo libre.

ABHAYA

En la época de Sikhi Buddha, Abhaya pertenecía a una familia real, y llegó a ser la reina principal de la misma. Cuando aquel acudió a su palacio a mendigar comida, ella le ofreció un ramo de lotos rojos. Más adelante, cuando el Buddha histórico, nació en Ujjeni. Su nombre significa «sin miedo». Fue amiga desde la infancia de Padumavati. Cuando esta abandonó el mundo, se sintió incapaz de separarse de ella y la siguió. Ambas se trasladaron a vivir a Rajagaha. Fue la única monja que alcanzó la iluminación mientras estaba meditando junto a un cadáver o los restos de uno. Como las monjas, al contrario que a sus compañeros varones, tenían prohibido acudir a los cementerios para hacer esto, quizás Abhaya lo hiciera antes de que se estableciese esta norma, o que usara huesos o cadáveres que estuvieran fuera del recinto mortuorio, o que el propio Buddha, sabiendo las consecuencias que esto tendría, la indujera a tener una visión de esa naturaleza.

> Un cuerpo quebradizo,
> eso es lo que tenemos. Sin embargo,
> qué de apegos provoca entre la gente,
> qué de felicidades infelices.

Con una mente atenta y persistente
me libraré del cuerpo y del dolor,
como el Buddha ha enseñado,
de las cosas del mundo y sus mentiras.

SAMA

Nació en Kosambi en el seno de una familia acomodada. Lo que más apreciaba era la amistad que tenía con Samavati, conocida por su fervor budista y por su bondad. Por eso cuando esta falleció a consecuencia de un incendio provocado en su casa por una de sus rivales (otra de las esposa del rey, que estaba celosa de ella), Sama decidió abandonar el mundo y ordenarse monja budista. Su dolor era tan grande, sin embargo, que se mostraba incapaz de aprehender y poner en práctica los preceptos budistas. Pero un día en el que estaba sentada en su habitación escuchó las enseñanzas de Ananda el Anciano y, al cabo de siete días, por fin pudo comprender la letra y el espíritu del Sendero.

Mi corazón inquieto y dolorido
zarandea sin tregua mi cabeza.
No hay paz en mí. Me marcho
de mi celda y no sé dónde me encuentro.

Tres días, cuatro días de este modo.
Pero en la noche octava
¡dónde mi sufrimiento

y dónde el sufrimiento
que atraviesa las cosas!

Buddha tiene razón:
con trabajo y esfuerzo una persona,
incluso una persona como yo,
puede encontrar la paz que es para siempre.

OTRA SAMA

En tiempos de Vipassi Buddha, era un hada que residía a orillas del río Candabhaga. Un día vio cómo el Maestro recorría ese lugar con la intención de cosechar los buenos actos de las criaturas que residían allí. Ella le ofreció, con el corazón rebosante de alegría, un ramo de flores. Gracias a eso renació sucesivas veces entre los dioses y los hombres hasta que lo hizo en la ciudad de Kosambi como miembro de una familia de comerciantes. También ella había sido muy amiga de Samavati y se había ordenado monja a causa del dolor que su muerte le había provocado. Tardó veinticinco años en alcanzar la iluminación.

Mi nombre significa «paz mental»
y, sin embargo, he estado veinticinco
años sin encontrarla ni un instante.
Mi corazón inquieto, mi cabeza
incapaz de centrarse y ferozmente
condenada a volver entre los vivos
una vez y otra vez.

A tiempo comprendí las enseñanzas
de Buddha el Victorioso
y empecé a practicarlas con ardor.

No tardé en extinguir mis mil pasiones.
No tardé en expulsar el sufrimiento.
No tardé en liberarme de mí misma.

Desde entonces pasaron
tan solo siete noches:

mi nombre y yo por fin nos entendemos.

UTTAMA

En la época de Vipassi Buddha, Uttama nació en Bandhumati como sirvienta de la casa de un rico terrateniente. En una ocasión en que este y sus allegados estaban escuchando un sermón y haciendo donativos, ella se quejó en voz alta por estar excluida de la ceremonia. Esto la hizo renacer en el Cielo de los Treinta y Tres Dioses y, después de muchas vidas, en el seno de la familia del tesorero de Savatthi. Cuando escuchó un sermón de Patacara, ingresó en la orden. Pero hasta que, después de mucho tiempo, no se decidió a seguir los consejos de esta no alcanzó la iluminación.

Incapaz de centrarme, muy nerviosa,
no podía quedarme
meditando en mi celda.
Huía de mi celda porque dentro
no encontraba la paz tan prometida.

Cuatro veces y cinco, muchas veces
hasta que un día pude
conocer a una monja iluminada.
Me instruyó en el camino verdadero,

en la naturaleza de las cosas,
en qué son los sentidos, y en la tierra
el viento, el fuego, el agua.

Entonces me senté
en posición de loto
y estuve siete días sin moverme
repasando las sabias
palabras de la monja.
Aplacada y feliz, llegué al octavo
y, al descruzar las piernas, de repente
¡la oscuridad mental
se había disipado!

OTRA UTTAMA

En tiempos de Vipassi Buddha, Uttama era una sirvienta de una casa en Bandhumati. Un día le ofreció tres dulces a un seguidor del Maestro. Este acto acabó haciéndola nacer en el seno de una familia brahmana acomodada que vivía en el país de Kosala. Cuando el Buddha visitó el lugar, uno de sus sermones la convenció para dejar el mundo e ingresar en la orden.

He cultivado todas las virtudes,
predicadas por Buddha,
que conducen a la iluminación
y a la suprema paz.

El vacío es mi meta y la renuncia.
Hija del Buddha fiel, todo mi anhelo
es la serenidad
que nunca se evapora.

Los placeres sensuales no me inquietan.
Los placeres humanos no me inquietan.
Los placeres divinos no me inquietan.

No habrá más nacimientos para mí.
No vagaré mezclada
con humanos o dioses.

La fiel hija del Buddha lo declara.

DANTIKA

Cuando el mundo estaba vacío de budas, fue un hada que vivía a orillas del río Candabhaga. Un día que se entretenía jugando con otras hadas se perdió en el bosque, donde se topó con un santo que meditaba debajo de un árbol. Por haberle ofrecido unas flores renació repetidas veces entre dioses y hombres hasta que lo hizo en Savatthi como hija de un ministro del rey Kosala. Fue en la arboleda de Jeta donde, después de escuchar un sermón del Buddha, se hizo creyente. Más tarde Pajapati la ordenó monja. Para que nadie la distrajera de sus prácticas ascéticas, al principio, como hacían muchos de sus compañeros varones, se instaló en un bosque. Pero como algunas de las primeras monjas en hacer esto acabaron siendo violadas, pronto se estableció la norma de que las mujeres no podían adentrarse solas ni vivir en lugares apartados. Un día ascendió el Pico del Buitre para descansar después de la comida y le ocurrió lo que cuenta en el poema.

> Subo al Pico del Buitre a descansar
> de mi larga jornada.
> Desde allí se divisa
> un río

y en él un elefante
que se baña feliz y luego sale
reluciente a la orilla.
Entonces llega un hombre
que porta un aguijón y que le ordena
con una voz potente
que adelante una pata.
Sumiso, el elefante
le obedece y el hombre
sube al cuello por ella.

¡Lo indomable domado!
¡Una fiera salvaje vuelta dócil!
Es esta la razón para instalarme
aislada en la espesura:
enseñar a mi mente
salvaje a obedecerme.

UBBIRI

En tiempos de Padumuttara Buddha, Ubbiri nació en la ciudad de Hansavati en el seno de una familia de comerciantes. En una ocasión en que sus padres atendían una recepción en el patio interior de la casa siendo ella pequeña, vio cómo se aproximaba un iluminado. Ella le hizo gestos para que entrara, le pidió que se sentara, le rindió pleitesía y llenó su cuenco de comida. Eso la permitió renacer en el Cielo de los Treinta y Tres Dioses. Más tarde lo hizo como miembro de una familia prominente de Savatthi. Tuvo una hija con el rey de Kosala, Pasenadi, a la que llamó Jiva, «viva», y que complació tanto a este que nombró reina a Ubbiri. Sin embargo, cuando poco después falleció la niña, enloqueció de dolor. Se dice que cada día iba al cementerio a visitarla. En una ocasión se reunió una multitud para escuchar a Gautama Buddha, que andaba de paso por la ciudad. Al principio Ubbiri, curiosa, se había acercado a escucharle, pero pronto se desinteresó y se fue a la orilla del río Achivanati a llorar. El Buddha se fijó en ella y se acercó para preguntarle qué le pasaba. Ella le dijo que su hija había muerto y señaló en dirección al cementerio. Él, entonces, le preguntó que cuál de las 48.000 mil niñas que había allí y que se llamaban como la suya era aquella por la que se estaba lamentando, lo que hizo que ella, como cuenta en el poema, «despertara».

Buddha:

Mujer desconsolada
que vagas por el bosque y te lamentas
por la vida perdida de tu Vida,
Ubbiri, recupera la cordura.

Ochenta y cuatro mil niñas llamadas
Vida como la tuya
han sido incineradas
en este crematorio;
dime por cuál de todas lloras tú.

Ubbiri:

He estado alimentando
una flecha dormida en mis entrañas.
Una madre alimenta,
aunque sea una flecha.
Pero Buddha me la ha arrancado suave
con sus palabras sanas.
Ya no hay dolor en mí o no me apego,
pues Buddha me ha quitado
la flecha de la muerte
y al hacerlo ha sanado el corazón
de aquella que iba aullando por los bosques.

El mundo se ha acabado para mí.
Ubbiri es libre y se encomienda al Buddha.
Ubbiri se refugia
en Buddha en el camino, en sus hermanas.

SUKKA

En todas sus vidas anteriores, durante cientos o miles de años, cumplió los preceptos, se mantuvo pura, alcanzó altas cotas de autoconocimiento y profundizó en la doctrina verdadera. Al final de ese largo trayecto virtuoso renació en el seno de una familia acomodada de Rajagaha. Su nombre significa «brillante», «lustrosa», «luminosa». Cuando el Maestro predicó en la casa de ella, se convirtió a la fe budista enseguida. Fue ordenada por Dhammadinna, uno de cuyos sermones la había incitado a hacerlo, y obtuvo el nirvana relativamente pronto. Su fama como predicadora creció de manera paulatina hasta igualarse con la de su mentora. Llegó a liderar una numerosa congregación de monjas. En una ocasión en que regresaba, junto a varias de sus compañeras, de mendigar comida en Rajagaha, se detuvo para ofrecer un sermón. Sus palabras fueron tan hondas y hermosas que las quinientas hermanas que la estaban escuchando arrobadas sintieron que estaban siendo alimentadas con hidromiel y rociadas con ambrosía; además, un árbol aledaño no pudo contenerse y, desarraigándose, se dirigió emocionado a la ciudad y recorrió todos sus barrios alabando a Sukka y repitiendo una y otra vez el poema que se ofrece a continuación.

¿Qué pasa con vosotros,
hombres de Rajagaha?
Os sentáis a beber hasta embriagaros
y a hablar de naderías
mientras Sukka pronuncia
un sermón inspirado.

Las sabias, sin embargo,
se beben sus palabras vigorosas
igual que los viajeros
beben agua de lluvia
caída de la nube más oscura.

La libre de deseos
ha vencido a la muerte para siempre.
Y cuida bien su cuerpo luminoso,
pues sabe que es el último.

SELA

Al parecer, en una vida pasada Sela estaba casada y era feliz. Al fallecer su marido, desorientada como estaba, abandonó el mundo y se puso a viajar a lo largo y lo ancho del país
para conocer las distintas sectas religiosas de la época. Un día,
al llegar junto a un árbol *boddhi* sagrado donde un buddha
anterior había alcanzado la iluminación, le pidió que le mos-
trara cómo había sucedido aquello. El árbol así interpelado
de pronto empezó a destellar como si estuviera hecho de oro
puro y el cielo circundante resplandeció de manera cegadora.
Sobrecogida, Sela primero se puso de rodillas para demos-
trarle su respeto y luego estuvo meditando junto a él durante
siete días hasta conseguir su propia iluminación. Es frecuen-
te encontrar historias en las que, cuando una mujer patea,
abraza o se ríe de un árbol, este florece de repente. Gracias a
este acto meritorio, renació en Alavi, población muy cercana
a Kasi, la actual Benarés. Su nombre significa «roca» o «ris-
co». Era hija del rey Alavaka, razón por la que también se la
conoce como Alavika o «habitante del bosque». Cuando su
padre y ella escucharon un sermón del Buddha ambos se hicieron discípulos suyos. Sela, entonces, al poco se ordenó y
se trasladó a la lejana ciudad de Savatthi. Allí, siendo ya an-

ciana, un día se dirigió a la arboleda Oscura para descansar debajo de un árbol cuando Mara, disfrazado de extranjero, se le acercó para tentarla.

Mara:

No hay libertad posible en este mundo.
¿Qué esperas conseguir
recluida en un bosque?
Entrégate sin miedo a tus sentidos
y a sus muchos placeres
o te arrepentirás.

Sela:

Placeres o cuchillos, es lo mismo.
Placeres como espadas.
El cuerpo, los sentidos y la mente:
las tablas de madera
donde a trozos te cortan los placeres.

Lo que llamas placeres
no lo son para mí,
no me seducen ya.
Y por eso mi mente
se abre paso en lo oscuro hacia la luz.
Pierdes el tiempo aquí, Mara, y lo sabes.

SOMA

En una vida anterior pertenecía a una familia de alcurnia y cuando creció llegó a ser la consorte principal del rey Arunava. Su pasado es muy similar al de Abhaya ya relatado. Renació, en la época del Buddha histórico, como hija de un ministro del rey Bimbisara de Rajagaha. Como tantas, después de escuchar un sermón del Buddha, que dio en su propia casa, se hizo budista y más adelante se ordenó monja. Fue de las que alcanzó el estado de *arahant* o santidad. El poema surgió un día en que, descansando debajo de un árbol, escuchó la voz de Mara (pero no pudo verle porque se había vuelto invisible) para tentarla.

Mara:

Eres tonta si piensas que estás lista
para llegar a ser como los sabios.
Si es duro para un hombre,
para una mujer
es imposible, Soma,
sobre todo si tiene pocas luces.

Soma:

¿Ser mujer un problema?
Lo que importa es tener la mente clara
y saber la doctrina
y no extraviarse en el camino.
¿Y quién se parará
a distinguir una mujer de un hombre
cuando eso ocurre, excepto tú, la Muerte?

Me insinúas placeres
que no son para mí.
No puedes engañarme. Vete lejos.

BHADDA KAPILANI

Según una leyenda, recordaba todas sus vidas anteriores. En muchas de ellas tendría, según algunas versiones, relación con el mismo hombre. El la época de Padumattana Buddha, ella, que pertenecía a una familia de comerciantes de Hansavati, escucha hablar de un renunciante que recordaba sus vidas anteriores y decide adquirir ese mismo poder, para lo cual se hace asceta. En la época de Vipassi Buddha, ya forma parte de la casta de los brahmanes. De una vida posterior se nos cuenta un episodio en el que se pelea con su cuñada. En ese momento aparece ante ellas un *paceka buddha* (alguien que está iluminado, pero que no ayuda a conseguir ese estado a otros ni les predica) pidiendo comida; Bhadda, enfadada, llena su bol de barro, pero cuando la gente le hace ver que no es con él con quien tiene que pagarla y que lo que ha hecho es indigno, ella, avergonzada de sí misma, limpia el bol, lo perfuma con polvos aromáticos, pone en él cuatro dulces diferentes y los cubre con una capa de *ghi* del color del loto; luego se lo devuelve al asceta mendicante y le ruega que le enseñe cómo llegar a tener un cuerpo resplandeciente como el bol que tiene en las manos. En la época de Kassapa Buddha, nace en Benarés como hija de un rico tesorero. A causa del mal karma acumulado, su cuerpo olía tan mal que producía repulsión en los demás. Abrumada por eso, acudió a una hornacina dedicada al Buddha y le ofreció sus vestiduras de oro mientras le hacía reverencias con sus manos repletas de lotos. Gracias a ese acto piadoso, se volvió, ya en esa existencia, fragante y dulce. Como se dedicó a hacer todo el bien que pudo renació primero en el cielo y luego como hija del rey de Benarés. En la época del Buddha histórico, renace como miembro de una familia rica de Sagala, capital del reino de Madda. Siendo niña vio cómo unos cuervos se comían unos insectos que pululaban por entre semillas de sésamo secas y un adulto la hizo creer que la muerte de esos insectos se debía a los pecados de ella, lo que impresionó mucho a la sensible niña. Algo parecido le ocurrió a Pippali, que estaba destinado a ser su marido: también a él se le hizo sentirse culpable por la muerte de unos gusanos que estaban siendo engullidos por los pájaros en un campo recién arado. Bhadda y Pippali, que no se conocían todavía, decidieron hacerse renunciantes cuando fueran mayores. Él, forzado a casarse por sus padres, les dijo que solo lo haría con aquella que se asemejara a una figura que había modelado con sus propias manos. Los mensajeros enviados para encontrar a la candidata le trajeron poco después a Baddha, que cumplía ese requisito a la perfección de manera sorprendente. Los padres de ambos se pusieron de acuerdo en secreto sobre los detalles de la boda. Mientras tanto, los pretendientes, saboteándose cada cual a sí mismo, se intercambiaron cartas advirtiendo a su futuro consorte lo terrible que sería aceptarle como marido o mujer. Las cartas fueron interceptadas a tiempo y no pudieron evitar el enlace. Es entonces que toman la decisión de no consumar el matrimonio y de renunciar juntos al mundo. Se cortaron uno al otro el pelo, se vistieron de azafrán, liberaron a sus esclavos y se lanzaron al camino. Al llegar a un cruce, cada uno tomó una dirección. Pippali encontró al Buddha y se hizo discípulo suyo. Baddha tuvo que aguardar varios años hasta que Pajapati inaugurara el primer monasterio de monjas y la ordenara. Solo entonces encontró la paz que tanto había anhelado. En una ocasión en que el Buddha estaba en la arboleda Jeta la señaló como la monja que sobrepasaba a las demás en el conocimiento de sus vidas anteriores.

A Kassapa me quiero parecer.
A Kassapa, que sabe trasladarse
con la meditación hasta sus vidas
anteriores. Kassapa, el heredero
del Buddha, el hijo suyo
de sangre y del espíritu.
A Kassapa me quiero parecer.
A Kassapa, que alcanza con su vista
perfecta los infiernos y los cielos,
un sabio que conoce las tres cosas
veladas para muchos

Como Kassapa, Bhadda Kapilani
conoce las tres cosas
veladas para muchos
y ha vencido a la muerte poderosa
con un cuerpo que habrá de ser el último
y que aquella, la muerte,
no podrá cabalgar por eso mismo
de regreso a la vida.

A Kassapa me quiero parecer.
Estuvimos casados, pero juntos
comprendimos a un tiempo
el mundo y sus miserias.
Estuvimos casados, pero pronto
nos pusimos de acuerdo
para extinguir del todo los deseos.
Domamos nuestras mentes.
Renunciamos el uno
al otro y al hogar.
Kassapa y Baddha Kapilani están
felices siendo libres
en medio del camino verdadero.

MONJA ANÓNIMA O VADDHESI

Nació en la ciudad de Devadaha y fue la niñera de Pajapati.
Cuando su señora renunció al mundo, ella la siguió. Durante
veinticinco años, sin embargo, no pudo librarse ni por un instante, por más que luchó contra ellas, de sus inclinaciones
lujuriosas, lo cual le impedía realizar sus meditaciones y con-
centrarse en la práctica religiosa. Después de ese tiempo, escuchó predicar a Dhammadinna y entonces, por fin, pudo librarse del acoso de sus sentidos y adquirir muy pronto los Seis
Poderes de la Intuición: la escucha pura, el conocimiento del
pensamiento de los otros, el recuerdo de las vidas anteriores,
la evolución de las vidas de los otros seres y la iluminación.

Veinticinco los años siendo monja
y mi mente seguía perturbándome.
Entré en el monasterio,
gimiendo y con los brazos extendidos,
huyendo de pasiones
que hasta aquí me siguieron.

Ni un instante de paz en tantos años.
Ni un instante de luz hasta que un día

escuché a Dhammadinna
hablar de los sentidos
y de la impermanencia
y del camino recto con palabras
que se han quedado en mí ya para siempre.

Gracias a Dhammadinna,
me siento a meditar
y nada me perturba.
Gracias a Dhammadinna, mis pasadas
existencias me cuentan sus detalles
y mi visión penetra en lo invisible
y he adquirido poderes celestiales
ya anunciados por Buddha.

Gracias a Dhammadinna
vivo en suprema paz conmigo misma
y el aire se ha hecho claro
y escucho lo inaudible en libertad.

VIMALA

Su madre ejercía la prostitución (el comentarista dice que era «una mujer que se ganaba la vida gracias a su belleza») y ella, como era normal, siguió su camino cuando llegó a la edad adecuada. Un día se encontró en la ciudad de Vesali con Moggallana, uno de los tres principales discípulos del Buddha (los otros dos eran Sariputta y Kassapa). Tanto si ella sabía esto (y entonces, según se dice, habría sido contratada para hacerlo por miembros de otras sectas religiosas) como si no, el hecho es que se dirigió a sus aposentos para intentar seducirle. Pero fracasó porque Moggallana era un renunciante modélico. Además, recriminó su acto con estas palabras: «Tú, saco de excrementos envuelto en un pedazo de piel. Tú, demonia de pechos abultados. Los nueve arroyos de tu cuerpo hieden. Aléjate de un monje puro que evita un cuerpo así igual que evitaría un lago de aguas fecales». No se ha conservado la respuesta de Vesali, pero se sabe que esa experiencia cambió su vida y que primero se hizo discípula del Buddha, luego se ordenó como monja y por fin alcanzó la iluminación. Algunos comentaristas critican el modo en que Moggallana habló a Vimala porque su reacción muestra hasta qué punto estaba él apegado a su concepto de pureza.

Mi cuerpo era perfecto y me embriagaba.
Mi hermosa piel, mi porte,
mi altiva juventud despreciadora
de las otras mujeres
menos afortunadas.

Mi cuerpo era perfecto.
Lo vestía con telas exquisitas.
Lo maquillaba y lo adornaba. Así,
como una cazadora
que tensara sus lazos,
esperaba a la puerta del burdel
a que fueran cayendo,
descuidadas, las presas.

Mi cuerpo era perfecto
y embriagaba a cualquiera y me embriagaba.
Enseñaba mis pechos y mis muslos
y otras partes secretas
y los hombres soñaban que soñaban
mientras yo, codiciosa y vana y tonta,
reía y me quedaba sus monedas.

Hoy mendigo y mi cuerpo viste harapos
y me he cortado el pelo
y me siento a los pies de un árbol sola
y el vacío es mi presa o yo la suya.
He cortado las cuerdas que me ataban
a los seres humanos y a los dioses
y a las sordas pasiones cegadoras.
Vimala es libre.

SIHA

Nació en Vesali como sobrina de Sihasenapati, el gran general de la tribu de los *licchavis*, que era jainista, pero que se convirtió al budismo cuando escuchó predicar a Gautama Buddha. Su nombre significa «leona». Creció en la ciudad de Vesali. Se ordenó budista después de escuchar un sermón del Buddha, pero durante siete años se esforzó por seguir el Sendero sin conseguir la paz mental que tanto anhelaba. Desesperada, decidió suicidarse colgándose de un árbol, aunque lo que de verdad deseaba era obligar a su mente a que le revelara el sentido profundo de las enseñanzas budistas. Justo en ese momento alcanzó la iluminación. Entonces aflojó el nudo del cuello, se libró de la cuerda y regresó con sus hermanas mientras, exultante, recitaba el poema que contaba esta experiencia límite.

Obsesionada por el sexo estuve
siete años vagando
sin control sobre mí.
Mi mente, un remolino de lujuria,
y mi cuerpo, emaciado y sin sustancia.
Mi paz mental estaba en guerra

con mis locos sentidos insaciables.
No había paz en mí,
solo intenso dolor.

Entonces decidí
adentrarme en el bosque
y colgarme de un árbol.

Mejor balancearse entre los muertos
que una existencia estrecha.

Un nudo en una rama
y otro nudo en mi cuello.

A punto de saltar, ¡Siha está libre!
¡En ese mismo instante
Siha lo entiende todo y se ilumina!

SUNDARINANDA

En los tiermpos de Padumuttara Buddha, nació en la ciudad
de Hansavati. Cuando llegó a sus oídos la capacidad de concentración que había adquirido una seguidora del Maestro,
decidió aplicarse hasta lograrla ella misma. Después de muchos eones renaciendo entre los dioses y los humanos, lo hizo,
en la época del Buddha histórico, en el seno de la familia real
de los sakyas. Sundari significa «hermosa». Fue hija de Pajapati y Suddhodana. Cuando su padre falleció y su madre, su
hermano Nanda y su hermanastro Rahula (hijo de Gautama
Siddharta) se hicieron budistas, ella se les unió, más por fidelidad al clan que por devoción. Sin embargo, pronto se destacó por sus grandes facultades espirituales, algo que mereció
las alabanzas públicas de Rahula.

Buddha:

Mira este cuerpo, Nanda:
se pudre ante tus ojos y se enferma,
es imperfecto, impuro, huele mal.

Mira este cuerpo, Nanda:
más temprano que tarde

una hermosa mujer deviene espanto.
Solo un ciego podría enamorarse.

Enfoca tu atención
en este cuerpo tuyo día y noche
y alguna vez verás lo que yo veo,
Nanda, lo que yo veo y serás libre.

Sundarinanda:

Enfoco mi atención
en este cuerpo mío día y noche
y veo lo que el Buddha supo ver.
Mis deseos se apagan y este cuerpo
ya no puede apartarme de la paz
suprema y de la luz.

NANDUTTARA

De familia brahmana radicada en Kammasadamma, en el reino de los kurus, primero fue jainista y como tal fue desafiando a lo largo y ancho de la India a debatir con ella a los seguidores de otras religiones. Cuando Moggallana, discípulo del Buddha, la derrotó, se convirtió al budismo y alcanzó muy rápidamente la iluminación.

Rituales al sol,
a la luna, a los dioses. Rituales
sumergida en el agua de los ríos.
Nanduttara y sus votos, su cabeza
afeitada, su lecho sobre el barro,
su ayunar por las noches.

Nada de eso servía, me servía.
Porque luego lavaba y perfumaba
mi cuerpo y lo cuidaba con masajes,
con joyas, con vestidos delicados
y le daba placeres
que al final me afligían.

Hasta que un día pudo Nanduttara
descubrir qué es el cuerpo de verdad
y erradicar del todo sus pasiones.

Los nudos aflojados
y el deseo extinguido,
he alcanzado la paz
suprema y estoy libre.

MITTAKALI

De familia brahmana, nació, como la anterior, en la ciudad de Kammasadamma, en el reino de los kurus. Decidió ingresar en la orden budista cuando escuchó a Gautama Buddha predicar el *Maha Satipatthana Sutta*. Hasta ese momento estaba considerada como una persona difícil, de mal carácter, propensa al enfado y egoísta. Su nueva vida la fue cambiando poco a poco y acabó alcanzando la iluminación, algo que consiguió cuando, de manera repentina e intuitiva, comprendió el carácter impermanente de todo.

> Aunque dejé mi casa confiando
> que estar a la intemperie me daría
> alegría y prestigio entre los hombres
> y aunque mi fe era cierta,
>
> mis pasiones indómitas
> no me daban la tregua necesaria
> para ser ejemplar.
>
> Mis más bajos instintos abatían
> mis altas intenciones.
> ¡Qué asceta perezosa y torpe y ciega!

Un día, meditando
en mi celda minúscula,
me sacudió un temblor al darme cuenta
de lo errada que estaba y prisionera
de mis tontos deseos.
Que la vida era corta y que no hay tiempo
que perder. Que la vida,
una luna creciente y decreciente,
es pura enfermedad y sufrimiento.

Eso entendí y más cosas.
Al descruzar las piernas
y ponerme de pie
mi mente al fin estaba libre y Buddha
en mí se había cumplido.

SAKULA O PAKULA

En tiempos del Buddha Padumuttara, nació en Hansavati como hija del rey Ananda y como hermanastra del Maestro. Entonces se llamaba Nanda. Cuando fue testigo de las alabanzas que aquel daba a una mujer por haber conseguido el poder conocido como «Ojo Celestial», hizo votos para conseguirlo ella también algún día. En tiempos del Buddha Kassapa, renació en el seno de una familia brahmana, renunció al mundo y se convirtió en una mendicante itinerante de vida solitaria. Un día ofreció una lámpara en una hornacina dedicada al Buddha y se mantuvo despierta toda la noche para que no se apagara. Gracias a ese acto, renació en el Cielo de los Treinta y Tres Dioses. En la época del Buddha histórico nació en Savatthi de nuevo como miembro de una familia brahmana. Durante una espléndida ceremonia de consagración de un monasterio budista en el famoso bosquecillo de Jeta, decidió convertirse. Más adelante, insatisfecha con la vida que llevaba, se consagró monja. Gautama Buddha la distinguió afirmando que era la monja con más capacidad para ver los otros mundos cercanos y lejanos, es decir, la que más había desarrollado el conocido como «Ojo Celestial», certificando de este modo que había logrado su tan anhelado objetivo.

Era un ama de casa
dedicada a mis hijos
(un niño y una niña)
y a administrar el grano y las riquezas.
Entonces vino un monje y transmitió
las palabras del Buddha y, al instante,
entendí la doctrina verdadera
y la serenidad que te hace libre.

Me afeité la cabeza y lo dejé todo.
Después de practicar con gran tesón
pude extinguir en mí
los deseos y el odio
y las oscuridades que perturban
la mente y la desvían.

Me hice monja y al poco recordé
mis vidas anteriores
y el ojo celestial limpió mis ojos.
Desde entonces ya no me identifico
con mi cuerpo o mi mente
mortales que algún día
dejaré abandonados para siempre.
Sakula ha erradicado sus pasiones
y está libre y serena.

SONA

En tiempos de Padumuttara Buddha, nació en Hansavati como miembro de una familia de comerciantes. Un día, mientras escuchaba al Maestro destacar a una mujer como la más esforzada de entre las que habían ingresado en el Sendero verdadero, decidió que algún día a ella también se le podrán dedicar esas palabras. En la época del Buddha histórico, renació en Savatthi. Se casó y tuvo diez hijos e hijas, lo que hizo que se la conociera por el sobrenombre de «La muy Fecunda». Cuando su marido renunció al mundo, ella donó toda su fortuna a sus hijos sin quedarse nada para sí misma. Estos y sus esposas y esposos, desagradecidos, dejaron de respetarla y de tratarla según se merecía, así que, decepcionada de ellos, decidió dejarles e ingresar en la orden budista. Como ya era anciana y sabía que no tenía tanto tiempo por delante como las más jóvenes, se aplicó más que nadie en seguir las enseñanzas. Estudiaba y meditaba día y noche con una tenacidad asombrosa y manteniéndose despierta contra viento y marea. Cuando esto llegó a oídos del Buddha, la señaló como la monja más esforzada de todas, y ella vio así cumplido su objetivo de tantas vidas atrás. Acabó alcanzando la iluminación.

Siendo débil y anciana,
abandoné a mis hijos, que eran diez,
decidida a ordenarme
monja cuando otra monja

me enseñó la doctrina verdadera
y la naturaleza de los seres,
y cómo los sentidos
nos urgen a aplacarlos, insaciables.

Afeité mi cabeza
y practiqué, siguiendo sus consejos,
hasta saber mis vidas anteriores
y ver con nitidez en lo invisible.

Me liberé del todo y desde entonces
mi mente no se aferra a sus estados
y vive concentrada en lo que importa.
Sona está libre y siempre lo estará.

Cortados de raíz los elementos
que me constituían
(las sensaciones y los sentimientos,
las percepciones, las disposiciones
innatas y también
la conciencia), por fin
Sona está libre de sus sufrimientos
y no renacerá.

BHADDA KUNDALAKESA

En tiempos de Kassapa Buddha, era una de las siete hijas de Kiki, rey de Kasi. Se dice que se mantuvo fiel a los preceptos budistas durante 24.000 años. En la época del Buddha histórico, era hija del tesorero del rey de Rajagaha. Un día vio cómo conducían preso a un salteador de caminos, que iba a ser ejecutado por sus crímenes. Enamorada de él a primera vista, rogó a su padre que intentara liberarle. Este sobornó con grandes sumas a sus carceleros, hizo que se lavara con agua perfumada, le proporcionó lujosas vestiduras y lo llevó ante su hija. Se llamaba Satthuka y era hijo del brahmán que atendía los asuntos religiosos del rey. A pesar de sus orígenes y de la nueva oportunidad que se le ofrecía, su vocación y su destino le llevaron a interesarse más en las joyas que llevaba su benefactora que en el amor que le tenía. Para hacerse con ellas, le dijo a Bhadda que quería hacerle una ofrenda a la deidad que regía el acantilado desde el cual iba a haber sido defenestrado. Ella, entusiasmada, se atavió y adornó lujosamente y, junto a su enamorado, se montó en un carro para llevar a cabo su deseo. Antes de llegar pidieron a su séquito que se quedaran atrás para poder realizar el ritual con más intimidad. En ese momento Satthuka, mofándose de Bhadda, le descu-

89

brió que no quería hacer esa ofrenda ni casarse con ella, sino sus joyas, que le exigió junto con su manto exterior para envolverlas con él. Ella lo hizo, pero, después de aturdirle con una pregunta («¿Sabrías decirme dónde termino yo y comienzan mis joyas o al revés?»), a cambio le pidió poder abrazarle antes de que él, desagradecido y ruin, fuera el que la tirara por el precipicio e intentara luego huir del lugar. Él consintió y ella le abrazó primero por delante y luego por detrás, circunstancia que aprovechó para empujarle al vacío. Se dice que la diosa del acantilado aplaudió su acción feliz porque demostraba que las mujeres también saben usar su inteligencia. Avergonzada e incapaz de regresar con su familia, ingresó en la orden jainista, la primera en admitir mujeres. Pero el jainismo, a pesar de que al principio se entregó al máximo, no llegó a satisfacerla del todo. Así que se puso a viajar de un sitio a otro retando a debatir sobre cuestiones religiosas con ella a cualquiera que se atreviera. Al final Sariputta, uno de los principales discípulos del Buddha, consiguió ser el primero en derrotarla. Poco después Bhadda tuvo la oportunidad de escuchar un sermón del Buddha y enseguida alcanzó la iluminación. Él, dándose cuenta, la ordenó en persona diciéndole sin más «Ven, Bhadda». La primera estrofa hace referencia a prácticas relacionadas con la modalidad de jainismo extremo que practicó Bhadda.

Antes vagaba sucia
con mi único vestido,
me arrancaba los pelos
y no me cepillaba
los dientes. Además,

pensaba que era erróneo lo acertado
y acertado lo erróneo.

Un día, sin embargo,
después de descansar
en el Pico del Buitre presencié
al dulce Buddha inmaculado siendo
honrado por sus monjes.
Me apresuré a postrarme ante el bendito
y él me ordenó diciéndome: «Ven, Bhadda».

He pedido limosna desde entonces
en Chinna, en Anga y en Magadha, en Vajji,
en Kasi y en Kosala.
Cincuenta y cinco años sin haberme
apartado jamás de mi camino.

Un día, un laico sabio
acumuló gran mérito
regalando su manto
a Bhadda, la que está
libre de sus cadenas y es feliz.

PATACHARA O PATACARA

Fue una de las personalidades más poderosas del budismo primitivo y la más mencionada por las otras *therigathas*. En tiempos de Buddha Padumuttara, nació en Hansavati en el seno de una familia de comerciantes. En una ocasión en que vio cómo el Maestro alababa a una monja como la más versada en las reglas de la orden se prometió que alguna vez ella también se merecería un elogio así. En la época del Buddha histórico, renació en el seno de una familia de comerciantes en Savatthi. Cuando la intentaron casar con un joven de su mismo nivel social, se fugó con un sirviente del que se había hecho amante y se instalaron en un lugar remoto. Al cabo de un tiempo quedó embarazada y, como era lo usual entonces, al aproximarse la fecha del parto quiso ir a la casa de sus padres. Como su marido se negó, ella se fue sin su permiso y acabó dando a luz a mitad de camino, donde su esposo la encontró y la llevó de regreso a su hogar. Cuando se quedó embarazada por segunda vez, pasó lo mismo: él se niega a dejarla partir y ella se marcha de todos modos. En esta ocasión él la alcanza mientras atravesaba un bosque. Entonces ella se pone de parto y enseguida comienza a llover torrencialmente. Él se apresura a buscar maderas y hojas para construir un refugio, pero una serpiente venenosa, emboscada en un termite-ro, le muerde y fallece. Su mujer, que pensaba que los había abandonado, pare y cubre con su cuerpo a sus dos hijos para librarlos de la enorme tormenta que arreciaba y de los rayos. A la mañana siguiente descubre el cadáver de su marido y se queda paralizada de horror durante un día y una noche. Luego reanuda la marcha hacia la casa de sus padres. Un río desbordado por el aguacero reciente la obliga a tomar la decisión de pasar a sus hijos uno por uno. Primero transporta al bebé, al que deja encima de un montón de yerba seca en la otra orilla. Cuando está regresando a por el otro, que tenía escasos años, ve aterrada cómo un halcón se lleva en el pico al recién nacido. Al ponerse a chillar, el segundo cree que su madre le está llamando y se arroja a las aguas, donde se ahoga. Ahí no termina todo. Cuando llega a su ciudad natal, se entera de que esa misma tormenta había hecho que se derrumbara la casa de su familia aplastando a todos sus miembros, que en ese momento arden en las piras funerarias. Patacara enloquece. Camina y camina sin rumbo hasta que su ropa se hace jirones. La gente la mantiene a distancia con palos o arrojándole basura. Un día, mientras estaba en el bosquecillo de Jeta, escucha un sermón del Buddha. Quisieron apartarla de él, pero el Buddha se le acerca y la conmina a recuperar la cordura. Es entonces cuando cae en la cuenta de que estaba desnuda. Un hombre le pasa un manto para cubrirse y luego le cuenta su vida al Buddha, al que pide ayuda. Poco después se ordena monja.

Los jóvenes brahmanes
aran sus campos y los siembran
para así alimentar a sus esposas

y a sus hijos. Trabajan
por el bien de los suyos sin descanso.

Hice lo mismo y nada.
Las arduas enseñanzas del Maestro
practiqué concentrada,
y no cayendo nunca en la pereza,
sin alcanzar la gran liberación.

Un día me lavaba
en un río cercano
los pies y me quedé
absorta contemplando cómo el agua
se dejaba llevar por la corriente.
Aproveché ese instante
para embridar mi mente,
un pura sangre inquieto que relincha,
y coger una lámpara y entrar
decidida en mi celda.

Inspeccioné mi cama.
Me senté en un cojín.
Despabilé la vela con la aguja
y sentí de repente que apagaba
también con ella todas mis pasiones.
¡La habitación a oscuras
y yo en la luz!

TREINTA MONJAS SEGUIDORAS DE PATACARA

Pertenecían todas ellas a distintas castas de comerciantes y habían nacido en diferentes lugares. Se convirtieron al budismo después de escuchar predicar a Patacara. Es a ellas a las que esta se dirige en el siguiente poema.

Patacara:

Los jóvenes trabajan y alimentan
con grano a sus esposas y a sus hijos.
Esa es su obligación
y la cumplen sin pausa y sin excusas.

Como ellos, entregad
la vida a cultivar las enseñanzas
del Buddha que os transmito.
Lavaos los pies, sentaos
en un lugar aparte,
serenad vuestra mente.
Y dejad que el Maestro se abra paso
dentro de cada una de vosotras.

Las treinta monjas a la vez:

Unas sabias palabras, Patacara.
Nos lavamos los pies,
nos sentamos en un lugar aparte,
serenamos la mente
y dejamos que el Buddha se abra paso
dentro de cada una de nosotras.

En la primera parte de la noche
podemos recordar
nuestras vidas pasadas.
En la segunda parte de la noche,
nuestros ojos penetran lo invisible.
En la tercera parte de la noche,
la oscuridad mental se ha disipado.

Hemos seguido tu consejo, sabia
Patacara, bendita
mujer a cuyos pies
nos postramos las treinta como fueron
treinta los dioses que lo hicieron
ante Indra, el invencible.
Y sabemos por fin
las tres cosas veladas para muchos
y están limpias las mentes, nuestras mentes.

CHANDA O CANDA

Cuando era una niña su familia, que era brahmana, se empobreció. Más adelante su aldea fue asolada por una extraña epidemia que, según se creía, la producía el aliento venenoso de una especie de serpiente, que la transmitía a lagartos y reptiles, estos a perros, gatos o cabras, y de ahí pasaba a los humanos. Como consecuencia de ello, perdió a sus padres, a su marido y sus hijos. Solo sobrevivió ella, lo que la hizo enloquecer. Alimentada por la caridad y la compasión de sus vecinos, Patacara la acogió, la cuidó, la consoló y se encargó de enseñarle el camino predicado por el budismo. Gracias a sus genuinos esfuerzos, no tardó en alcanzar la iluminación.

Antes era una viuda
sin hijos, sin amigos, sin familia.
Con un bastón vagaba de lugar
en lugar mendigando
un poco de comida,
unos sucios harapos.
El frío y el calor me atormentaban.
Siete años así desconsolada.

Entonces me encontré con una monja
que también mendigaba su comida
y le pedí que me instruyera.
La monja se llamaba Patacara
y me llevó paciente hasta el Camino
verdadero y me dijo
qué hacer para alcanzar la paz suprema.

Escuché sus palabras
y pronto descubrí
que no estaban vacías.
Ahora sé tres cosas
que no conocen muchos
y nada me confunde.

QUINIENTAS MONJAS
SEGUIDORAS DE PATACARA

En realidad con este número redondo se refiere a muchas, no a quinientas exactas. Son mujeres procedentes de castas de comerciantes y casadas que buscaban consuelo después de haber perdido a un hijo o una hija. El siguiente poema es el que les dirigió Patacara para tratar de aplacar su dolor. Todas ellas, después de escucharlo, se convirtieron al budismo.

Lloráis por vuestros hijos sin saber
de dónde procedían,
a dónde se han marchado.
Ninguna de vosotras lo sabéis.

De saberlo, ninguna lloraría
porque en eso consiste la existencia
por breve que haya sido:

nacer sin el permiso de nacer,
morir sin el permiso de morir;

llegar por un camino de algún sitio
y marcharse por él hacia el siguiente;

renacer como humano y luego ser
un hambriento fantasma o lo contrario.

¿Qué sentido tendría lamentarse
de una ley natural que alcanza a todos?

Las quinientas mujeres al unísono:

Pensé que era imposible,
bendita Patacara, que la flecha
que se nutría de mi corazón
hecho pedazos como
un bebé se alimenta de su madre
alguna vez saliera
y se llevara tanto sufrimiento.

Es lo que has hecho tú con tus palabras
y por eso estoy libre de repente.
La flecha está saciada y se ha ido lejos.
Tomo refugio en Buddha y en su orden.
Tomo refugio en el Camino recto.

VASETTHI O VASITTHI

Nació en Vesali en una familia de comerciantes. Era feliz en su matrimonio, pero cuando perdió a su hijo, que acababa de dar sus primeros pasos, y vio cómo todos los familiares se aplicaban a consolar a su marido olvidándose de ella, se volvió loca y se fue de su casa. Como si fuera un animal indeseable, la iban echando de todos los lugares hasta que se cruzó con el Buddha en la ciudad de Mithila. Gracias al ejemplo de él (alguien que demostraba tener un completo autocontrol de todas sus actividades externas e internas) y a sus enseñanzas, recobró la cordura. Se unió a la congregación de monjas budistas y acabó alcanzando la iluminación.

El dolor de perder
un hijo me tenía desquiciada.
Angustia insoportable a la que yo
me entregaba desnuda y con el pelo
enloquecido.
Iba de lugar en lugar
durmiendo en los montones de basura,
en un rincón del cementerio,
en medio del camino.

Tres años de esa guisa hambrienta y sucia,
sedienta y sin cordura,
vagando por el mundo.

Entonces me crucé con el Despierto,
que viajaba a Mithila,
y comprobé que estaba
asentado en la luz
y que había domado lo indomable.
Regresando a mí misma, le adoré
y el Buddha, compasivo,
me puso en el sendero verdadero.
Con atención suprema le escuché
y luego abandoné
el mundo para siempre
dispuesta a practicar sus enseñanzas.
Ya no me acecha el sufrimiento y puedo
entender de raíz todas las cosas.
Ahora también yo
me he asentado en la luz
y en la serenidad que no se extingue.

KHEMA

En tiempos de Padumuttara Buddha, era una esclava y vivía en Hansavati. En una ocasión en que una monja budista acudió a la casa donde trabajaba pidiendo comida, ella le dio tres dulces y, cortándose el cabello y ofreciéndoselo, le dijo que ojalá ella alguna vez pudiera ser también una renunciante seguidora del Buddha. Gracias a esa acción, renació en diversos cielos, llegando incluso a ser la esposa principal del rey de los dioses, y entre los hombres, hasta que, en la época del Buddha histórico, renació en el seno de una familia importante de Sagala. Era tan hermosa que se decía que el color de su piel no tenía nada que envidiarle al del oro puro. Se convirtió en la mujer principal o en la amante favorita del rey Bimbisara. Cuando el Buddha visitó la corte, comenzó su sermón advirtiendo contra la belleza y los placeres, lo que hizo que Khema, a la que, por no recordar aquel lejano voto (ni el resto de sus vida anteriores), no le interesaba el asunto y que quizás se sintiera interpelada directamente, se levantara y se retirara a sus aposentos. Los poetas de la corte cantaron tantas alabanzas de la ermita Veluvana, donde el Buddha se había retirado, que Khema sintió curiosidad por conocerla. La arboleda y las flores eran, en efecto, deliciosas. Cuando se cruzó con el Buddha, este hizo que se apareciera una diosa mucho más guapa que ella y luego la hizo ir envejeciendo ante sus ojos hasta no tener dientes, volvérsele el pelo gris y quedar todo su cuerpo cubierto de arrugas. Así pudo enseñarle la gran verdad de la impermanencia. El Buddha añadió que las personas devotas de la belleza física estaban encadenadas al mundo, mientras que los que renunciaban a ella se liberaban. En ese momento, Khema alcanzó la iluminación. Luego dejó al rey y se hizo monja. Fue una de las dos responsables del primer monasterio de monjas. En varios pasajes del canon pali se la distingue como la monja más ejemplar. Al parecer, el otro gran rey de la época, Pasenadi de Kosala, se dirigió a ella para preguntarle si un buddha seguía siéndolo después de la muerte.

Mara:

Eres joven y hermosa
y yo, mírame bien, también lo soy.
No perdamos el tiempo
y gocemos el uno con el otro.
Hagamos juntos música, oh, Khema.

Khema:

Aborrezco este cuerpo y me avergüenza.
Se enferma y luego muere y mientras tanto
te engaña de mil modos.
Mis deseos han sido erradicados
y reniego del sexo que me ofreces.

Los placeres del sexo son espadas
y cuchillos. La mente,
el cuerpo y los sentidos son la tabla
que usan para cortarnos en mil trozos.
No me busques en ellos porque no
estoy en ellos ya y es para siempre.

Mi oscuridad mental se ha disipado.
Te he descubierto, Mara,
aléjate de mí.

Los tontos que no saben
la esencia de las cosas
estudian el lenguaje de los astros
y se guían por ellos
y hacen fuego en el bosque
y se piensan muy puros.
Pero yo sigo al Buddha,
el mejor de los hombres, el Despierto,
aquel que enseña cómo liberarse.

SUJATA

Nació en Saketa. Su padre era tesorero. Al llegar el momento propicio, fue casada con el hijo de otro tesorero de igual rango con el que era feliz. Un día en el que regresaba a casa después de participar en una de las fiestas relacionadas con la posición de los astros en el cielo junto con sus acompañantes, a la altura de la arboleda Añjana, vio al Maestro y se sintió irresistiblemente atraída por él. Así que se acercó, le presentó sus respetos y se sentó a su lado. Cuando él terminó el sermón que estaba predicando, se dirigió a ella y la instruyó sobre la doctrina verdadera. Ella, a causa de una inteligencia que ya estaba madura para entender el hondo significado de sus palabras, supo desde ese mismo instante cuál tenía que ser su camino. Después de conseguir el consentimiento de su marido y de sus familiares, ingresó en la orden.

> Elegante y hermosa, con guirnaldas
> y perfume de sándalo, atendida
> por mujeres del todo a mi servicio,
> con joyas, con manjares, con cualquier
> capricho satisfecho.
> Mi vida transcurría

del jardín a la casa, de la casa
al jardín, y sin más preocupaciones.

Un juego era mi vida hasta que un día
decidí visitar un monasterio
en el bosque de Anjana de Saketa.

La Luz del Mundo me aguardaba,
aquel que ha visto lo que nadie más.
Le hice una reverencia
y me senté a su lado
y Buddha el compasivo me enseñó
la doctrina correcta.

En ese mismo instante comprendí
la doctrina intachable que el gran sabio
desplegó ante mis ojos
y desaté mis lazos con la muerte.

He abandonado el mundo desde entonces
y conozco tres cosas
veladas para muchos.
Las palabras del Buddha no eran vanas.

ANOPAMA

Como la anterior, nació en Saketa como hija de un tesorero llamado Majjha. Su nombre, que significa «inigualable» o «sin
igual», se debe, según unas versiones, a que nadie era más hermosa que ella o, según otras, a que sus virtudes eran raras, difíci-
les de encontrar, únicas. Cuando creció, tuvo muchos pretendientes (hijos de familias ricas, de ministros del rey, incluso príncipes)
que ofrecieron a sus padres grandes presentes con tal de lograr su mano. Anopama, que intuía que la vida de un ama de
casa no estaba hecha para ella, buscó el amparo del Buddha, cu-
yas enseñanzas ya había escuchado y la habían convencido de
seguir el sendero del no-retorno. El Maestro la admitió en la orden. A los siete días de haberlo hecho alcanzó la iluminación.

Mi familia era rica
en tierras y en dinero
y mi padre, Majiha,
se enorgullecía de mi gran belleza
incomparable, de mi piel dorada.

Los hijos de los príncipes querían
desposarse conmigo.

También los hijos de los comerciantes
ricos como nosotros.
Uno incluso llegó
a ofrecer ocho veces
mi peso en oro y plata
a cambio de mi mano.

Pero fui afortunada al conocer
a Buddha el compasivo,
al Señor de este mundo insuperable.
Postrándome a sus pies,
me senté junto al sabio, y sus palabras
pusieron ante mí
la doctrina correcta.

Me afeité la cabeza
y renuncié a mis días de molicie,
y todos mis deseos se extinguieron
después de siete noches,
y no tengo ataduras,
y qué serenidad.

MAHAPAJAPATI GOTAMI

Su nombre significa «líder de una gran asamblea». Fue la fundadora de la primera orden de monjas budistas. En tiempos de Padumuttara Buddha, vivía en la ciudad de Hansavati en el seno de una familia de comerciantes. Más adelante, cuando renació en Benarés en una época sin el Buddha, justo la que transcurre entre Kassapa Buddha y el Buddha histórico, como responsable de un grupo de quinientas esclavas, se presentaron cinco iluminados que habían dejado, por la proximidad de la estación monzónica, unas montañas cercanas para instalarse allí. Mahapajapati Gotami convenció a los esposos de esas mujeres para que construyeran cinco chozas para esos renunciantes y luego ellas procuraron que no les faltara de nada durante los tres meses que se quedaron. Tanto ella como su hermana Maya estaban casadas, en la época del Buddha histórico, con Suddhodana, un cabecilla del clan sakya, y vivían en Kapilavatthu. Cuando Maya quedó embarazada, y como era normal en la época, partió hacia casa de sus padres para dar a luz allí. Se paró a descansar en el jardín Lumbini, donde se relajó admirando los árboles en flor. Al alzar el brazo para coger una rama florecida de un árbol asoka, sintió fuertes contracciones y al poco dio a luz allí mismo. Al hijo que tuvo le puso el nombre de Siddharta, «aquel que consigue su objetivo». Maya falleció, no se sabe por qué, a los siete días y Pajapati, entonces, crió al niño como si fuera propio. Luego ella tuvo dos más: Sundarinanda y Nanda. Cuando Siddharta, ya convertido en el Buddha, regresó después de su gran periplo espiritual a su ciudad, predicó y convirtió a sus padres (su madre adoptiva tendría entonces cincuenta y tantos o sesenta y pocos años). El prestigio de Pajapati creció como la espuma, y cuando muere Suddhodana ya no hay obstáculos para entregarse en cuerpo y alma a la doctrina de su hijo adoptivo. Muchas mujeres, hasta quinientas según la tradición, acuden a ella como maestra, sobre todo las que habían perdido a sus maridos en guerras, las que estaban hartas de vivir subordinadas a los hombres o las que aprovechaban que estos lo dejaban todo para hacerse budistas siguiendo sus pasos. Al principio, Buddha no les permite agruparse en una orden como ya habían hecho los varones budistas. Pajapati, para intentar convencerlo, se rapa la cabeza, se embadurna el cuerpo con polvo, se viste una túnica azafrán y camina descalza más de doscientos kilómetros. Cuenta, además, con la intercesión de Ananda, que habla hasta en tres ocasiones en favor de su empresa. Al final el Buddha acepta, aunque instituye las denominadas *Ocho reglas especiales*, que, en la práctica, sirven para asegurarse que las mujeres tendrían un papel secundario en el seno del budismo. Algunas de esas reglas, como la que establecía que incluso la más importante de las monjas estaba subordinada al menos importante de los monjes, acabaron siendo revocadas. Falleció a los 120 años.

Bendito sea el Buddha,
el mejor de los seres,
por habernos librado del dolor
a tantos de nosotros.

Bendito sea el Buddha por mostrarnos
el origen de todo sufrimiento
y cómo erradicar nuestros deseos.

Bendito sea el Buddha
por haber desplegado ante nosotros
el Óctuple Sendero que conduce
más allá de la muerte.

Bendito sea el Buddha
por haber despertado la memoria
de mis vidas pasadas
y hacerme recordar
que he sido madre, padre, hermano, abuela
en muchas ocasiones

hambrienta de existencias sin saber
por qué ni para qué.

Bendito sea el Buddha
que ha sabido mostrarme que este cuerpo
es mi cuerpo postrero y que ya no
naceré nuevamente.

Bendito sea el Buddha
por haber conseguido reunir

discípulos sinceros y resueltos
que honran a su maestro y su doctrina.

Bendito sea el Buddha,
que nació por nosotros y librarnos
del sufrimiento y de la enfermedad
y de la muerte.

GUTTA

Nació en Savatthi en el seno de una familia brahmana. Siendo adolescente se dio cuenta de que la vida hogareña, como hija primero y como esposa después, era algo que la disgustaba profundamente. Después de conseguir el consentimiento de sus padres, ingresó en la orden budista de la mano de Pajapati. Como, a pesar de su gran devoción, siempre acababa siendo distraída de sus prácticas religiosas por los señuelos del mundo exterior, el Maestro, para animarla, se acercó a ella y le dedicó las siguientes palabras:

> Concéntrate en aquello
> por lo que abandonaste el mundo, Gutta.
> Concéntrate en la práctica
> a la cual prometiste devoción
> después de que dejaras las riquezas
> y un hijo y tantas cosas.
> No dejes que tu mente te controle.
>
> Aquellos que se dejan engañar
> por sus mentes son presas
> de una muerte voraz de nacimientos.

Son cinco las cadenas que nos atan
al sufrimiento, Gutta:
el sexo, la maldad,
las creencias erróneas, las dudas
y pensar que uno tiene un alma propia.

Oh, monja, persevera
y rompe esas cadenas y así nunca
volverás a nacer.
Extingue tus deseos
y tu ignorancia y tu arrogancia
y tus desatenciones
si quieres desterrar el sufrimiento.

Si me haces caso, Gutta,
alcanzarás por fin la libertad
y una suprema calma
que llevarás contigo
vayas a donde vayas
y estés con quien estés.

VIJAYA

Nació en Rajagaha. Cuando creció, se hizo amiga de Khema (más tarde Khema Theri), una de las consortes del rey. Cuando esta abandonó el mundo para hacerse monja, Vijaya le preguntó si ella también estaba capacitada para seguirla. Khema, viendo el corazón puro de su compañera, le aseguró que sí y procedió, primero, a explicarle las enseñanzas budistas y, luego, a ordenarla ella misma. Fue una de las monjas a las que intentó seducir Mara, que había adoptado para el caso el aspecto de un joven muy apuesto. «Debemos aprovechar que ambos somos tan hermosos para disfrutar el uno del otro», susurró. A lo que ella replicó sin titubear: «Lo que a mí me hace disfrutar es la contemplación del vacío y de la irrealidad del cuerpo, no la promesa de tus suaves caricias. Ya no soy rea de la ignorancia». Mara, claro, se fue derrotado y abatido.

> Tres veces, cuatro veces
> abandoné mi celda sin haber
> podido meditar según las reglas.
> Mi mente incontrolable me impedía
> concentrarme en la práctica.

Me dirigí a una monja
y me postré a sus pies
y humilde le rogué que me instruyera.

Ella, la compasiva, me explicó
en qué consisten los sentidos
y la naturaleza de las cosas

y cuáles son las Cuatro
Nobles Verdades y
qué poderes se pueden cultivar
y en qué consiste la iluminación
y el Óctuple Sendero que conduce
a la suprema paz inmarcesible.

Escuché sus consejos,
absorta y decidida a comprenderlos.

En la primera parte de la noche
recordé mis pasadas existencias.
En la segunda parte de la noche
pude ver lo invisible.
En la tercera parte de la noche,
mi oscuridad mental
se había disipado.

Después de siete días descrucé
mis piernas y me pude levantar
serena y libre y clara
y habiendo erradicado mi ignorancia.

UTTARA

Nació en Savatthi en el seno de una familia de comerciantes. Después de escuchar un sermón de Patacara ingresó en la orden budista. Un día en que, siguiendo las indicaciones de su maestra, se sentó con las piernas cruzadas en su habitación para realizar un ejercicio determinado, decidió no levantarse de allí hasta comprender la esencia de la doctrina y alcanzar la iluminación, algo que consiguió cuando despuntaba el alba.

Palabras de Patacara:

Los jóvenes brahmanes muelen grano.
Los jóvenes brahmanes alimentan
a sus mujeres y a sus hijos: esa
es su mayor riqueza.

No te arrepentirás
si le haces caso al Buddha
y te lavas los pies
y te sientas en un lugar tranquilo

y meditas sin tiempo hasta que aprendas
a no identificarte con tu mente.

Uttara:

Me he lavado los pies.
En un lugar tranquilo me he sentado.
No apegarme a mi mente he conseguido.

En la primera parte de la noche
he vivido mis vidas anteriores.
En la segunda parte de la noche
he visto lo invisible.
En la tercera parte de la noche,
mi oscuridad mental se ha disipado.
Al final de la noche he comprendido
las tres cosas que muchos no conocen.

Bendita Patacala tus consejos
he seguido y soy libre.
Bendita Patacala, a tus pies
me postro como hacían
ante el rey de los dioses treinta dioses.

119

CHALA O CALA

Cala, Upacala y Sisupala, de familia brahmana de Magadha, eran hermanas de sangre. Su padre se llamaba Surupasari. Su hermano mayor era Sariputta. Cuando este se convirtió al budismo y se hizo monje, ellas, confiando en que alguien tan virtuoso no podía haberse equivocado en la elección del camino, le siguieron renunciando a sus sirvientes y a sus amigos. Las tres acabaron alcanzando la iluminación. Y las tres fueron tentadas sin éxito por Mara.

Cala:

Una monja esforzada en cultivar
su ser y no sus apariencias. Eso
es Cala, que ha alcanzado,
como una flecha su objetivo, la
felicidad suprema
y la serenidad que no se extingue.

Mara:

Insensata, ¿por qué
te has afeitado la cabeza y vistes
como una asceta si

no parecen gustarte los ascetas?
¿A quién sigues que tanto te ha engañado?

Cala:

Esos otros ascetas son extraños
que siguen opiniones, no el Camino.
Esos otros ascetas no conocen
lo que ha de conocerse
y argumentan sin luz y se equivocan.

En el clan de los sakyas nació el Buddha.
Buddha el incomparable, él me enseñó
el camino correcto que te aparta
de cualquier falsedad.
Él me enseñó que todo es sufrimiento
y cuáles son sus causas
y cómo erradicarlo para siempre.
Él me enseñó el Óctuple Sendero
que conduce a la paz inmarcesible.

Escuché sus palabras una vez,
las palabras de Buddha el sin igual,
y ahora sé las tres cosas
veladas para muchos.
Es cierto lo que dice y qué alegría
seguir sus enseñanzas.

Me propones placeres
que no son para mí.
Mi oscuridad mental se ha disipado.
Tu derrota es total, malvado Mara.

UPACHALA O UPACALA

Véase Cala.

Upacala:

Upacala la monja
ya sabe lo que tiene que saberse.
Upacala ya es sabia entre los sabios.
Upacala ha encontrado
la paz que no termina
como una flecha encuentra su objetivo.

Mara:

¿Por qué reniegas de la vida?
¿Por qué, como hacen todos, no disfrutas
de los dulces placeres de la carne
mientras puedes hacerlo?
¿No ves que si renuncias,
mujer, te acabarás arrepintiendo?

Upacala:

La vida echa raíces en la muerte
y le rinde tributo en el dolor.
La vida es sufrimiento, enfermedad,
manos y pies cortados si eres reo,
ataduras sin fin, asesinatos.

El del clan de los sakyas,
el invencible Buddha, me enseñó
la doctrina correcta que erradica
la posibilidad
de nuevos nacimientos.

Buddha el iluminado me enseñó
que todo es sufrimiento
y sus causas y cómo superarlo
y el Óctuple Sendero que conduce
a la suprema paz.

Las palabras del Buddha
han madurado en mí
y ahora sé las tres cosas esenciales
veladas para muchos.

Los placeres que pintas
no son placeres para mí.
Mi oscuridad mental se ha disipado.
Tu derrota es completa, Mara, márchate.

SISUPACHALA O SISUPACALA

Véase Cala.

Sisupacala:

Una monja virtuosa que es capaz de ejercer un autocontrol perfecto sobre sí misma acabará alcanzando
la dulce paz que alimenta sin hartar.

Mara:

Concentra tu mente en los placeres del Cielo de los
Treinta y Tres Dioses regido por Indra. Concentra tu mente en los placeres de los muchos cielos donde los dioses que gobiernan las distintas regiones del universo se
recrean y gozan.

Sisupacala:

Hay, en efecto, muchas clases de dioses. Hay muchos cielos y muchos dioses porque muchas son las
regiones del universo. Y todos se recrean y gozan de
acuerdo a sus respectivas naturalezas. Pero todos ellos,
vida tras vida, cuerpo tras cuerpo, no dejan de ser se-

res individuales atados a sus sucesivos nacimientos y muertes.

El mundo entero está en llamas. El mundo entero se está quemando. El mundo entero se abrasa. El mundo entero se estremece.

Ha sido el Buddha quien me ha mostrado cómo llegar al incomparable Camino firme. La mayor parte de la gente lo desconoce. Pero no yo, que tengo mi mente absorta en él. Después de escuchar sus enseñanzas mi felicidad es por fin completa. Ahora sé las tres cosas que casi nadie conoce. El Buddha tenía razón. Lo que describes como placeres hace tiempo que no lo son para mí. Mi mente se ha abierto paso en medio de una densa oscuridad y ahora está instalada en la luz. Ni tú, Muerte, tienes nada que hacer conmigo, así que márchate.

LA MADRE DE VADDHA

Nació en Bharukaccha en el seno de una familia de comerciantes. Después de escuchar predicar a una monja budista, decidió abandonarlo todo y ordenarse ella también. Como tenía un hijo llamado Vaddha, lo primero que hizo fue dejarlo al cuidado de sus familiares. Cuando este se hizo mayor, se ordenó también como monje budista y, una vez hecho eso, fue al monasterio donde vivía su madre para verla. El poema de abajo, que muestra cómo reaccionó ella a esta visita, más bien sugiere, en contra de las notas biográficas accesibles, que fueron las palabras de ella las que le inspiraron para dar ese paso.

La madre de Vaddha:

Vaddha, ojalá puedas llegar a desembarazarte de las pasiones mundanas y dejar de sufrir una y otra vez. Los sabios viven felices porque no les atenazan los deseos, porque ya no dudan, porque han enfriado sus pasiones, porque han domado su mente y porque nada perturba sus mentes. Vaddha, ingresa en el sendero que conduce al conocimiento supremo y le permite a uno erradicar cualquier sufrimiento para siempre.

Vaddha:

Madre, está claro que sabes de lo que hablas. Aunque eres la que me dio a luz, estoy seguro de que ya no eres presa de ningún deseo.

La madre de Vaddha:

Da igual si se trata de un deseo grande, mediano o pequeño, porque no los deseo en absoluto. Da igual si se trata del deseo más alto o del más minúsculo pensable porque no los deseo en absoluto. Gracias a mis esfuerzos y a la práctica de la meditación, en mí se han extinguido todas las pasiones. Ahora puedo ver con mis propios ojos las tres cosas que la mayoría no conoce. Lo que el Buddha enseñó se ha cumplido.

Vaddha:

Mi compasiva madre me ha aguijoneado con sus elevadas e inspiradas palabras para que abandone el mundo y me centre en la consecución del conocimiento superior. Al escuchar las palabras de mi madre (¡una madre convertida en maestra espiritual de su hijo!), he sentido la urgencia de alcanzar la liberación. Esforzándome al máximo, sin desmayar ni de día ni de noche, obedeceré las palabras de mi madre para llegar a merecerme la paz suprema.

KISAGOTAMI

De familia sin recursos de Savatthi, era, sin embargo, prima del Buddha. Su nombre significa «delgada», quizás por lo poco que comía como consecuencia de su pobreza. Se casó con un hombre rico. Sus familiares políticos, como era bastante normal entonces, la maltrataron hasta que dio a luz un hijo. Cuando este murió, Kisagotami, que nunca había visto antes la muerte, enloqueció y, con el cadáver de su hijo en brazos, iba llamando a todas las puertas rogando que alguien le diera una medicina para él. Un anciano compasivo la aconsejó que fuera a ver al Buddha. Este le encargó que le trajera un grano de mostaza blanca de cada casa que encontrara en la que nunca hubiera muerto nadie. Al no conseguir ninguno, se dirigió a su hijo con estas palabras: «Mi pequeño, creí que la muerte solo te había visitado a ti, pero ahora sé que es algo que tarde o temprano le llega a todo el mundo». Entonces le llevó a un bosque y lo dejó ahí. A continuación se ordenó monja budista, distinguiéndose por su gran ascetismo. Alcanzó el nirvana.

El Buddha dijo que tener buenos amigos era algo beneficioso para cualquier criatura del universo. Que tener buenos amigos podía transformar a un tonto en sabio. Estar en buena compañía incrementa la sabiduría de uno y le ayuda a liberarse del sufrimiento. Es importante conocer las causas del sufrimiento y cómo acabar con él, y el Óctuple Sendero, y las Cuatro Nobles Verdades.

Ser mujer es algo difícil. Ya lo dijo el Buddha, el domador de aquellos que necesitan ser domados. Compartir marido con otra esposa es muy complicado y genera rencillas. Algunas mujeres se deprimen tanto cuando tienen un hijo que le cortan la garganta. Otras mujeres jóvenes, hartas de sus cargas familiares y de sus obligaciones sociales, ingieren veneno. Algunas fallecen durante el embarazo y entonces tanto ella como el feto vagan en una especie de tierra de nadie.

Recordemos, en este sentido, lo que le pasó a Patacara. A punto de dar a luz en medio de un camino, halló a su marido muerto allí mismo. Poco después fallecieron sus dos hijos. Y su desconsuelo aumentó todavía más cuando, al cabo de unas horas, al llegar a su ciudad natal, descubrió que su padre, su madre y su hermano la aguardaban en su ciudad natal ardiendo en la pira funeraria. El Buddha, compadeciéndose de ella, le dijo que el dolor producido por tantas muertes de familiares próximos la habían hecho derramar lágrimas suficientes para colmar miles de vidas. Patacara, por su parte, le contestó que había visto a los chacales del cementerio comiéndose los cadáveres de sus hijos, a su marido inerte y cómo se quemaban sus padres, pero que gracias a él había alcanzado el estado de no-muerte.

También yo he alcanzado ese estado de no-muerte porque he seguido las enseñanzas del Noble Óctuple Sendero. Ahora solo me miro en el espejo del Camino correcto y conozco los beneficios de la perfecta serenidad no de oídas, sino por experiencia. He conseguido arrancarme la flecha de las pasiones. He conseguido desembarazarme del pesado fardo que portaba. He hecho lo que tenía que hacerse. Kisagotami, aquella cuya mente es libre, ha dicho esto.

UPPALAVANNA

Era hija de un comerciante de Savatthi. Por ser muy guapa
y muy rica tenía muchos pretendientes. Su padre sugirió a su
hija que renunciara al mundo por una de estas tres razones:
o por estar convencida de las bondades de la vida religiosa, o
por temor a equivocarse en la elección y que eso provocara
una guerra entre ellos, o por no querer ofender a ninguno. Un
primo de ella, Ananda, que también la deseaba, se enfadó cuando lo hizo. Pocos años después de la ordenación de ella, él se
enteró de que estaba viviendo sola en una cabaña retirada en
Andhavana. Entonces se dirigió hasta allí y acabó violándola.
Desde ese episodio, una especie de gota que colmó el vaso, a
las monjas se les prohibió instalarse en bosques o cruzar por
ellos sin compañía. Después de ese suceso se instaló en un
monasterio. Un día en que era la encargada de llevar a cabo
ciertas ceremonias, se preparó para ellas barriendo una es-
tancia y encendiendo una lámpara. Se concentró tanto en la
llama que acabó alcanzando la iluminación. Llegó a codiri-
gir, junto a Khema, el monasterio femenino. Esta considerada como la monja más dotada en lo que a los poderes mági-
cos se refería. Entre ellos destacaba la habilidad de adoptar
otra forma o *vikubbana*. Los distintos comentaristas y traduc-

tores de este poema no se ponen de acuerdo de a quién pertenecen las varias voces e historias que aparecen.

Me contaron que en una ocasión una madre y una hija compartieron un mismo marido. Cuando lo recuerdo, horrorizada, se me ponen los pelos de punta. Los placeres de los sentidos, que producen malos olores y complican la existencia (no hay más que pensar en esa historia de la madre y la hija), la ensucian a una. Los deseos provocan grandes peligros. En cambio, la extinción de los deseos es una base segura para alcanzar la libertad. Esa es la razón de que abandonara mi hogar y me dirigiera a Rajagaha.

Ahora, por fin, veo claro, incluso lo invisible. Ahora, por fin, conozco mis vidas anteriores. Ahora, por fin, escucho sin miedo a equivocarme lo que me dicta el corazón. Ahora, por fin, he adquirido los seis poderes anunciados por el Buddha. Ahora, por fin, he limpiado de impurezas mi mente. Para demostrar estos poderes en una ocasión, hice aparecer de la nada un carro con cuatro caballos ante los ojos del Buddha, a cuyos pies me postré porque es el refugio del mundo.

Un día me encontraba descansando bajo un árbol florecido cuando se presentó Mara, que me dijo: «Muchacha, ¿qué haces sola sentada bajo un árbol florecido? ¿Es que no te asustan los hombres malvados?». Le respondí: «Aunque fueran cien mil los hombres malvados que se me acercaran no me inmutaría lo más mínimo. Así que, Mara, ¿qué podría pasarme con uno solo como tú?». A lo que Mara replicó: «Podría hacerme invisible. También podría entrar en tu vientre. O posarme entre tus cejas sin que te dieras cuenta». Mi contestación fue: «Poseo el control de mi mente y tengo poderes, los que proporcionan las enseñanzas del Buddha, que podría usar de necesitarlos. Los placeres de los sentidos son como espadas y cuchillos. El cuerpo, los sentidos y la mente son la tabla de madera sobre la que cortan. Lo que para ti es placer para mí dejó de serlo hace mucho tiempo. Soy yo la vencedora. He conseguido abrirme camino en medio de las densas oscuridades de la mente. Aprende de una vez, rufián, que no tienes nada que hacer conmigo.

PUNNA (O PUNNIKA)

Fue hija de un esclavo y esclava ella misma. Ella fue el hijo número cien de la casa de Anathapindika, un rico seguidor laico del Buddha que había adquirido el bosquecillo de Jeta para establecer allí uno de los primeros monasterios budistas. Su trabajo consistía en acarrear agua. Un día escuchó el sermón del Buddha conocido como *El rugido del león*, que la trasladó de golpe al primer estadio en el sendero de la iluminación. Gracias a la confianza que esto le dio, se atrevió a desafiar al brahmán Udakasuddhika, que creía, como muchos entonces, en la eficacia de la purificación por el agua. Cuando el Buddha estaba a punto de irse de Savitthi, se le aproximó para pedirle que pospusiera su marcha hasta que ella consiguiera su libertad, ya que como esclava no podría ordenarse monja. Anathapindika no solo consintió en darle la libertad, sino que la adoptó como hija. Alcanzó la iluminación.

Habla Punna:

Mi tarea es acarrear agua. Aunque sea invierno y haga mucho frío, sigo teniendo la obligación de acarrear agua. Si no mi señora, furiosa, me golpea con un palo y me grita. ¿A quién temes tú, oh, brahmán, que te impele a ir hasta el río y ponerte a temblar cuando introduces tu cuerpo en él?

Contesta el brahmán:

Me preguntas algo, Punnika, cuya respuesta ya sabes. Lo hago porque lo considero un ritual virtuoso que me ayudará a limpiar los frutos de malas acciones pasadas. Porque cualquiera que lleva a cabo un acto malo se libra de los frutos del mismo purificándolos con agua.

Punna:

¿Qué persona de poco juicio te ha contado esa tontería de que alguien puede librarse de los frutos de un acto malo lavándolos con agua? Si eso fuera cierto, las ranas y las tortugas irían al cielo. Si eso fuera cierto, los caimanes y los cocodrilos irían al cielo. Si eso fuera cierto, cualquier animal que viviera en el agua tendría que ir por fuerza al cielo. ¿Y qué ocurre con los carniceros que matan ovejas y cerdos, con los pescadores, con los tramperos, con los ladrones o con los verdugos? ¿Es que también ellos se librarían de las consecuencias de sus actos malvados simplemente metiéndose en el río más cercano? ¿No se te ha ocurrido pensar que el agua de esos ríos también podría llevarse consigo todo el bien que uno ha hecho, sus actos meritorios? ¿No te da miedo la posibilidad de que eso te pase cada vez que te sumerges en el agua?

El brahmán:

Tus palabras, que me han hecho tiritar como el agua del río, me han sacado del camino equivocado y me han orientado hacia el Noble Sendero que conduce a la verdad. Permíteme entregarte, en señal de reconocimiento, estas prendas rituales que visto cuando hago mis abluciones porque no las volveré a necesitar.

Punna:

Quédate esas prendas rituales, que yo tampoco las necesito. Si temes el sufrimiento, si no te gusta el sufrimiento, no lleves a cabo, ni a la vista ni en secreto, acciones malas. Y si las has llevado a cabo, entiende que no podrías huir de ellas ni aunque supieras volar o corrieras muy rápido. Si temes el sufrimiento, si no te gusta el sufrimiento, toma refugio en el Buddha y camina por el sendero que él ha abierto para todos nosotros. Con ayuda de la orden fundada por él, hecha a su imagen y semejanza, sabrás en qué consiste llevar una vida virtuosa y tendrás los medios para conseguirlo.

El brahmán:

Tomo refugio en el Buddha. Tomo refugio en el sendero abierto por él. Tomo refugio en la orden fundada a imagen y semejanza suya. Gracias a eso podré llevar una vida virtuosa y tendré los medios para conseguirlo. Aunque he nacido en el seno de una familia brahmana, solo ahora me siento brahmán de verdad. Por fin sé las tres cosas que la mayoría desconoce. He estudiado y he alcanzado el conocimiento supremo. Ahora sí que me he purificado.

AMBAPALI

Su origen fue sobrenatural. Nació, al parecer, de manera espontánea en Vesali a los pies de un árbol de mango, donde fue descubierta por un jardinero. De ahí proviene su nombre, ya que Ambapali significa «mango protector» o «guardián». Era tan hermosa que los príncipes se la disputaban. Fue nombrada cortesana principal de Vesali, razón por la cual esta ciudad, a la que los poderosos acudían para conocerla, alcanzó altas cotas de prosperidad. Uno de sus patronos era el rey Bimbisara, del que, como le ocurriera a Padumavati, tuvo un hijo que también se hizo monje budista. Fue este quien la animó a escuchar al Buddha y hacerse discípula suya. Ella escuchó un sermón suyo y luego le invitó a cenar junto con su séquito. Él, a riesgo de desairar a la tribu de los licchavis, que también le habían convocado, aceptó, no sin antes advertir a sus seguidores que se cuidaran de caer bajo la influencia de esa hermosa mujer. Ambapali construyó un monasterio en sus dominios y se lo ofreció a las monjas antes de retirarse ella misma en él.

Antes, cuando era joven, tenía un pelo rizado y del color de las abejas negras. Hoy, ya anciana, lo tengo parecido al yute. Es lo que el Buddha, que siempre dice la verdad, dijo que pasaría.

Antes, cuando era joven, mi cabeza, adornada con flores, olía como un frasco de perfume. Hoy, ya anciana, lo hace como la piel de un perro. Es lo que el Buddha, que siempre dice la verdad, dijo que pasaría.

Antes, cuando era joven, mi cabellera era espesa como una arboleda y, con el simple uso de un peine y unas horquillas, la tenía siempre bien arreglada. Hoy, ya anciana, apenas conserva unos cuantos mechones finos. Es lo que el Buddha, que siempre dice la verdad, dijo que pasaría.

Antes, cuando era joven, me podía hacer trenzas que adornaba con piezas de oro, ¡y qué guapa estaba! Hoy, ya anciana, soy casi calva. Es lo que el Buddha, que siempre dice la verdad, dijo que pasaría.

Antes, cuando era joven, mis cejas eran como lunas en cuarto creciente pintadas por un gran artista. Hoy, ya anciana, las tengo caídas y atravesadas de arrugas. Es lo que el Buddha, que siempre dice la verdad, dijo que pasaría.

Antes, cuando era joven, mis ojos destellaban como joyas y eran muy negros y alargados. Hoy, ya anciana, no consiguen que nadie vuelva la cabeza. Es lo que el Buddha, que siempre dice la verdad, dijo que pasaría.

Antes, cuando era joven, mi nariz era hermosa, delicada, se elevaba como una pequeña cumbre y estaba perfectamente proporcionada a mi rostro. Hoy, ya anciana, no es más que una tira de cuero húmedo. Es lo que el Buddha, que siempre dice la verdad, dijo que pasaría.

Antes, cuando era joven, mis lóbulos semejaban delicados brazaletes torneados por los mejores artesanos. Hoy, ya anciana, están caídos y arrugados. Es lo que el Buddha, que siempre dice la verdad, dijo que pasaría.

Antes, cuando era joven, mis dientes tenían el color de los brotes del platanero. Hoy, ya anciana, los tengo rotos y amarillentos. Es lo que el Buddha, que siempre dice la verdad, dijo que pasaría.

Antes, cuando era joven, cantaba tan dulce como un cuco en la espesura de un bosque. Hoy, ya anciana, mi voz casi siempre suena cascada. Es lo que el Buddha, que siempre dice la verdad, dijo que pasaría.

Antes, cuando era joven, mi hermosa nuca se curvaba como una caracola bien pulida y suave. Hoy, ya anciana, ha perdido del todo su tersura y firmeza. Es lo que el Buddha, que siempre dice la verdad, dijo que pasaría.

Antes, cuando era joven, mis hermosos brazos eran fuertes y redondeados como las barras de hierro que se usan para cerrar las puertas. Hoy, ya anciana, son frágiles como las ramas de un árbol *patali*. Es lo que el Buddha, que siempre dice la verdad, dijo que pasaría.

Antes, cuando era joven, mis hermosas manos estaban realzadas por anillos de oro de gran finura. Hoy, ya anciana, mis dedos parecen rábanos y cebollas. Es lo que el Buddha, que siempre dice la verdad, dijo que pasaría.

Antes, cuando era joven, mis hermosos pechos se alzaban redondos, hinchados y uno al lado del otro. Hoy, ya anciana, los tengo caídos como odres de agua vacíos. Es lo que el Buddha, que siempre dice la verdad, dijo que pasaría.

Antes, cuando era joven, mi hermoso cuerpo parecía una resplandeciente y pulida lámina de oro. Hoy, ya anciana, está cubierto de arrugas. Es lo que el Buddha, que siempre dice la verdad, dijo que pasaría.

Antes, cuando era joven, mis hermosos muslos recordaban la trompa de un elefante. Hoy, ya anciana, se parecen más a un palo de bambú. Es lo que el Buddha, que siempre dice la verdad, dijo que pasaría.

Antes, cuando era joven, mis hermosas pantorrillas estaban adornadas con suaves ajorcas de oro. Hoy, ya anciana, son como varas de sésamo. Es lo que el Buddha, que siempre dice la verdad, dijo que pasaría.

Antes, cuando era joven, mis hermosos pies eran tan delicados que parecían estar rellenos de algodón. Hoy, ya anciana, los tengo arrugados y llenos de callosidades. Es lo que el Buddha, que siempre dice la verdad, dijo que pasaría.

Antes, cuando era joven, mi cuerpo era tal y como lo he descrito. Hoy, ya anciana, mi debilitado cuerpo ya no se siente orgulloso de sí mismo y, como una vieja casa a la que se le estuviera desprendiendo el yeso de las paredes, apenas lo visita otra cosa que el dolor. Es lo que el Buddha, que siempre dice la verdad, dijo que pasaría.

ROHINI

En tiempos de Vipassi Buddha, se encontró con este en la ciudad de Bandhumati, donde él estaba mendigando su comida. Ella llenó su bol con dulces y se postró a sus pies. Después de eones renaciendo entre los dioses y los hombres, al final lo hizo, en tiempos del Buddha histórico, en Vesali, en la casa de un próspero brahmán. Tras escuchar con arrobo un sermón del Maestro, se mostró tan entusiasta mientras explicaba a sus padres lo que había aprendido que estos terminaron dándola permiso para ingresar en la orden. Acabó siendo una gran predicadora.

Recordando después de la iluminación lo que su padre le dijo en una ocasión:

Hija, cuando te vas a dormir, murmuras la palabra «asceta». Cuando te despiertas, lo primero que dices es «asceta». Solo alababas a los ascetas. Está claro que algún día tú también lo serás. Rohini, hija mía, siempre estás ofreciendo comida y bebida a los ascetas. Por eso déjame que te pregunte por qué lo haces, por qué sientes tanta atracción por los ascetas si son personas a las que no les gusta trabajar, que son perezosas, que se aprovechan de lo que les ofrecen los demás, y que nunca se conforman hasta que se les dan dulces y otras exquisiteces. Explícame, por favor, por qué aprecias tanto a los ascetas.

Recordando lo que ella respondió a su padre:

Padre, llevas mucho tiempo interrogándome sobre los ascetas. Deja, para que lo entiendas bien, que ensalce su sabiduría, sus virtudes y sus penalidades. Para empezar, sí que les gusta trabajar, no son perezosos y llevan a cabo toda clase de acciones virtuosas. Y han sido capaces de erradicar de sus vidas las pasiones y la ira. Esta es una de las razones por la que los ascetas me son tan queridos.

Padre, los ascetas han destruido las tres raíces del mal y por eso todo lo que hacen es puro. Los ascetas han expulsado el mal lejos de ellos. Esta es una de las razones por la que me son tan queridos.

Padre, lo que hacen los ascetas con su cuerpo es puro, lo que dicen es puro, lo que piensan es puro. Esta es una de las razones por la que los ascetas me son tan queridos.

Padre, los ascetas son, como las madreperlas, puros y resplandecientes por fuera y por dentro. Esta es una de las razones por la que los ascetas me son tan queridos.

Padre, los ascetas se saben de memoria las enseñanzas del Buddha y saben transmitirla a los demás con sus palabras inspiradas y con la nobleza de su ejemplo. Esta es una de las razones por la que los ascetas me son tan queridos.

Padre, los ascetas viajan mucho, nunca pierden el control de sí mismos, dicen palabras sabias, transmiten serenidad y saben de primera mano cómo se erradica el sufrimiento. Esta es una de las razones por la que los ascetas me son tan queridos.

Padre, los ascetas no se apegan a los lugares ni miran hacia atrás con pena cuando se marchan de ellos. Esta es una de las razones por la que los ascetas me son tan queridos.

Padre, los ascetas no guardan pertenencias en almacenes, en cestas o en cajas y se limitan a vivir al día. Esta es una de las razones por la que los ascetas me son tan queridos.

Padre, los ascetas no aceptan oro puro ni monedas de oro o plata y confían, en cambio, en que el camino les provea de sus necesidades. Esta es una de las razones por la que los ascetas me son tan queridos.

Padre, los ascetas son cada uno de una familia y de una región diferente y, sin embargo, eso no impide que se comporten amistosamente los unos con los otros. Esta es una de las razones por la que los ascetas me son tan queridos.

Recordando lo que su padre le dijo a ella después:

Rohini, hija mía, estabas destinada a nacer en una familia como la nuestra para poder transmitirnos la fe en el Buddha y la devoción por la doctrina que enseñó y por la orden que instituyó. Gracias a ti entendemos el gran mérito que podemos acumular si seguimos tus pasos. Honremos también nosotros a esos ascetas con un gran sacrificio realizado en su honor. Así, gracias a los frutos de este acto, nos libraremos del sufrimiento que tanto tememos y que tanto daño nos hace.

Recordando lo que Rohini dijo a su padre:

Padre, si quieres librarte del sufrimiento que tanto temes y que tanto daño te hace, toma refugio en el Buddha, toma refugio en la noble doctrina que enseñó, toma refugio en la venerable orden que instituyó y cultiva en beneficio propio una conducta correcta.

Recordando lo que su padre le dijo:

Tomo refugio en el Buddha, tomo refugio en la noble doctrina que enseñó, tomo refugio en la venerable orden que instituyó y cultivaré en beneficio propio una conducta correcta. Aunque he nacido en una familia brahmana, solo ahora siento que soy un brahmán de verdad. He adquirido los tres conocimientos. He estudiado la doctrina. He alcanzado el conocimiento supremo. Por fin estoy limpio.

CHAPA O CAPA

Antes de conocer a Capa, Kala había sido un asceta adscrito a la escuela *ajivaka*, cuyo maestro, contemporáneo del Buddha, era Makkhali Gosala. Kala fue la primera persona con la que se encontró el Buddha después de su iluminación. Poco después de eso, Kala llegó al país de Vankahara, donde vivía Capa, que era hija de un trampero. Este solía dar limosnas al renunciante. En una ocasión en que iba a estar fuera cazando durante una semana, encargó a su hija Capa que siguiera haciéndolo de parte suya. Pero cuando Kala la vio se enamoró de ella e hizo el voto de ayunar hasta casarse con ella o morir. Al regresar el padre se enteró por boca de su hija de que Kala había acudido el primer día, pero no los otros seis. Cuando fue a enterarse de lo que pasaba, aquel le confesó la verdad. El padre consintió en el matrimonio con la condición de que, antes de llevarse a cabo, él aprendiera a cazar. Vivieron felices durante un tiempo y tuvieron un hijo, pero más tarde las relaciones se tensaron. Ella le provocaba y él la amenazaba con dejarla mientras suspiraba recordando al buddha aquel con el que se había cruzado tiempo atrás. Antes de la separación definitiva, Capa, asustada por las consecuencias que eso tendría para ella y su hijo, recapacitó e intentó varias tretas para retenerlo: la sumisión, la seducción, el chantaje. Como nada de eso funcionó, acabó dejando a su hijo con los abuelos y, al igual que había hecho Kala, inició la búsqueda del Buddha. Al final lo encuentra en Savatthi y allí mismo se ordena monja.

Recordando, una vez que Capa ya había alcanzado la iluminación, unas palabras de su marido Kala:

¿No fui yo el primero de los dos que se hizo con un bastón de asceta? ¿No soy yo, sin embargo, el que ahora caza ciervos y el que, a causa de su lujuria, está cada vez más lejos de la otra orilla? Capa piensa que estoy loco por ella y por eso dedica todas sus atenciones a nuestro hijo, al que hace muy feliz. Pero una vez que consiga romper mis lazos con ella, podré volver a renunciar al mundo.

Palabras de Capa:

¡Mi gran señor, no estés enfadado conmigo! ¡Sabio marido mío, no te dejes engañar! ¿Cómo podrías ser puro o austero si te dejas llevar por la ira?

Palabras de Kala:

¡Me marcharé de esta ciudad, eso es seguro! ¿Quién podría seguir soportando esto? Los ascetas virtuosos que solo quieren perseverar en el Sendero correcto quedan atrapados por los encantos físicos de sus mujeres.

Palabras de Capa:

Vamos, hermoso Kala, regresa a mí y acepta los placeres sensuales que te ofrezco como antes hacías. Pídeme lo que quieras. Tanto yo como el resto de mis familiares satisfaremos cualquiera de tus deseos.

Palabras de Kala:

Aunque solo la cuarta parte de lo que has dicho fuera verdad, para cualquier hombre enamorado de ti sería suficiente.

Palabras de Capa:

Oh, querido, este cuerpo que te ofrezco es como un árbol *takkara* floreciendo esplendoroso en la cumbre de una montaña, como una enredadera en flor, como un árbol *patali* escondido en el interior de una isla. ¿Por qué tendrías que renunciar a un cuerpo perfumado con pasta de sándalo y vestido con las más finas telas procedentes de la ciudad de Kasi?

Palabras de Kala:

Al igual que un cazador de pájaros usa sus redes para atraparlos, tú usas tu belleza para atraparme a mí. Pero no lo conseguirás.

Palabras de Capa:

¿Y qué pasa con este hijo, que es tanto mío como tuyo? ¿Cómo podrías ser tan cruel de abandonarnos a los dos?

Palabras de Kala:

Los hombres sabios saben que tienen que dejar atrás a sus hijos, a sus familiares y sus riquezas. Los grandes ascetas son capaces de renunciar al mundo igual que un elefante es capaz de romper el ronzal que le ata.

Palabras de Capa:

Entonces arrojaré a este hijo tuyo a la basura y lo golpearé con un palo y lo atravesaré con un cuchillo. Será por compasión hacia él por lo que no te irás.

Palabras de Kala:

Mujer malvada, aunque entregaras nuestro hijo a los perros y a los chacales, no me convencerías para cambiar mi decisión.

Palabras de Capa:

No me queda más remedio que desearte buena suerte. ¿A qué pueblo, ciudad, capital o región irás, lo sabes ya?

Palabras de Kala:

En otros tiempos, yo lideraba un grupo de ascetas con los que viajaba de ciudad en ciudad. Todos estábamos orgullosos de serlo. Pero no teníamos razones para estarlo. Me he enterado de que el Buddha está enseñando la doctrina verdadera, la que conduce a la completa extinción del sufrimiento, a orillas del río Neranjara.

Hacia allí me encaminaré y le pediré que me acepte como discípulo suyo.

Palabras de Capa:

En ese caso te encomiendo que muestres mis respetos a ese guía supremo y que le hagas una ofrenda en mi nombre después de circumbalarle.

Palabras de Kala:

Haré lo que me pides, Capa. Presentaré tus respetos al guía supremo y le haré una ofrenda en tu nombre después de circumbalarle.

Entonces Kala se dirigió al río Neranjara y allí se encontró con el Iluminado enseñando el Óctuple Sendero que conduce, a través de la extinción del sufrimiento, a ese estado tan dulce donde no reina la muerte. Kala se postró a sus pies, le circumbaló por su derecha y le hizo una ofrenda de parte de Capa. A partir de ese momento se consagró por entero a la vida de renunciante. Ahora sabe las tres cosas que la mayoría ignora. Las palabras del Buddha son verdaderas.

SUNDARI

En tiempos de Vasabhu Buddha, nació en el seno de una familia de comerciantes. Un día se encontró con el Maestro y llenó su bol mientras se postraba a sus pies. Este, viendo el corazón puro de ella, se lo agradeció con efusión. Después de muchos nacimientos, al final lo hizo en Benarés como hija del brahmán Sujata. La llamaron Sundari porque era muy hermosa. El poema está atribuido a ella, pero podría haberlo firmado cualquiera de los ocho personajes que intervienen en este drama primitivo cuyo origen hay que buscarlo en el fallecimiento del hermano pequeño de Sundari, hecho que sumió en la más profunda tristeza al padre y le movió a buscar respuesta a las dolorosas preguntas que le asaltaban. En contraste con los muchos en los que una madre lo hace, este es el único poema donde un padre se lamenta por la pérdida de un hijo. Y en el que además, sin importarle el hecho de pertenecer a la casta brahmana, le pide consejo a una mujer.

Recordando, después de haber alcanzado la iluminación, una conversación.

Habla el padre de Sundari:

Señora, en el pasado la gente solía acusarte de descuidar a tus hijos, a siete de los cuales llevaste cuando todavía eran pequeños al cementerio y los dejaste allí para que fueran devorados. Sé lo que lloraste por ello, cuánto sufriste. ¿Por qué, ahora que conoces tus vidas anteriores y los cientos de muertos que en total has padecido, ya no te lamentas?

Vasetthi responde a su padre:

Padre, cientos de hijos y cientos de familiares, míos tanto como tuyos, fueron devorados en el pasado. Ahora que conozco el Sendero que conduce más allá de la vida y de la muerte, ya no lloro ni me apeno. Ni nunca más lo haré.

El padre de Sundari:

Qué cosas tan sorprendentes e inspiradas dices, Vasetthi. ¿Quién te las ha enseñado?

Vasetthi:

Buen hombre, el Buddha se encuentra cerca de la ciudad de Mithila, donde enseña el Sendero que conduce a la extinción del sufrimiento de todos los seres. He tenido la fortuna de escuchar sus valiosas palabras en persona. Y una vez que la verdad es conocida, uno deja de lamentarse por los hijos perdidos.

El padre de Sundari:

Entonces seguiré tu ejemplo, bendita mujer. Iré a ese lugar que está cerca de la ciudad de Mithila. Quizás tenga suerte y el Iluminado también me libre de mis sufrimientos.

Comentario de los que compilaron estas escrituras:

El buen brahmán se encontró con el Buddha y comprobó que era cierto que era alguien que se había liberado de la cadena que nos ata a nuevos nacimientos. Y el sabio que ha sabido situarse más allá de cualquier sufrimiento le enseñó la doctrina que lleva a la otra orilla. Le enseñó en qué consiste el sufrimiento. Le enseñó cuál es la causa del sufrimiento. Le enseñó cómo librarse del sufrimiento. Le enseñó el Noble Óctuple Sendero que extingue el sufrimiento para siempre. Tener conocimiento de esto le decidió a abandonar el mundo y convertirse en un asceta itinerante. Y cuando habían transcurrido solo tres noches, Sujata supo esas tres cosas que la mayoría desconoce.

El padre de Sundari:

Apresúrate, carretero. Regresa a casa y, después de presentarle mis respetos a mi mujer y desearle buena salud, comunícale que he abandonado el mundo y que me he convertido en un asceta itinerante, y que ahora sé las tres cosas que la mayoría desconoce.

Comentario de los que compilaron estas escrituras:

El carretero, al que también se le dieron mil monedas para que se las diera a la mujer, se apresuró y le llevó el mensaje a la esposa del brahmán. Que le deseaba buena salud de parte de su marido, que Sujata había abandonado el mundo y que ahora, después de tres noches, sabía las tres cosas que la mayoría desconoce.

La madre de Sundari:

La noticia de que mi marido sabe las tres cosas que la mayoría desconoce me ha puesto tan contenta que me siento como un bol lleno. En agradecimiento por habérmela comunicado, te regalo, carretero, el carro, los caballos y estas mil monedas que portabas.

El carretero:

Buena mujer brahmana, puedes quedarte el carro, los caballos y las mil monedas de oro. También yo he tomado la decisión de abandonar el mundo y hacerme seguidor de aquel que posee la sabiduría suprema.

La madre de Sundari:

Sundari, tu padre ha abandonado el mundo renunciando a sus elefantes, a sus vacas, a sus caballos, a sus joyas y al resto de riquezas que atesora esta casa. Ahora tú, que eres su heredera, podrás disfrutar de esta fortuna.

Sundari:

Mi padre ha abandonado el mundo renunciando a sus elefantes, a sus vacas, a sus caballos, a sus joyas y al resto de riquezas que atesora esta casa. Y lo ha hecho porque no podía soportar la muerte de su hijo. También yo, que vivo afligida por el fallecimiento de mi hermano, abandonaré el mundo.

La madre de Sundari:

Sundari, se hará como deseas. Ya sabes lo que te espera: aceptar como limosna las sobras de los demás y vestirte con harapos. No tendrás nada más. Si llegas a ser feliz a pesar de todo, en el próximo mundo estarás libre de lo que atormenta tu mente.

Sundari dirigiéndose a su maestra:

Gran mujer, gracias a lo mucho que he practicado he podido limpiar el ojo que ve lo invisible. Honorable, ahora conozco mis vidas anteriores y dónde transcurrieron. Eso ha sido posible por haber confiado en ti, hermosa *theri*, mi hermana espiritual, joya entre las joyas de la orden monástica. Ahora que, por haber seguido las enseñanzas del Iluminado, sé las tres cosas que la mayoría desconoce, dame permiso para ir a Savatthi para que el Buddha pueda escuchar mi rugido de leona.

La maestra de Sundari:

Sundari, ve y conoce por ti misma al maestro de piel dorada, a aquel que es oro por dentro y por fuera, al

155

que doma la naturaleza salvaje de nuestras mentes, al que está iluminado. No tengas miedo de nada ni de nadie.

Un testigo:

¡Mirad, Sundari se aproxima! ¡Está libre, se ha librado de la rueda de los nacimientos, ha extinguido sus deseos, avanza hacia aquí sin cadenas y con el trabajo cumplido!

Sundari al Buddha:

Señor Buddha, Maestro, me llamo Sundari y, como discípula tuya, he venido desde Kasi para postrarme a tus pies. Soy hija tuya, una hija verdadera nacida de tu boca. Todo lo que tenía que haberse hecho ha sido hecho. Mi trabajo está cumplido y ya nada me preocupa.

El Buddha a Sundari:

Mujer afortunada, eres bienvenida. Este es el lugar al que perteneces porque este es el lugar de todos aquellos que han sabido domarse a sí mismos. Este es el lugar de aquellos que han extinguido sus pasiones. Este es el lugar de aquellos que son libres. Este es el lugar de aquellos que han hecho lo que tenía que ser hecho. Este es el lugar de aquellos que se han librado de aquello que les angustiaba. Este es el lugar de aquellos que se postran a los pies del maestro.

SUBHA, LA HIJA DEL ORFEBRE

Nació en Rajagaha como hija de un orfebre. Cuando el Buddha predicó en su ciudad, ella se sentó a su lado y, gracias a la pureza de sus intenciones, tuvo la fortuna de recibir de boca del Maestro las enseñanzas fundamentales del Sendero. Se hizo budista y, después de renegar de las obligaciones de la vida doméstica, ingresó en la orden de la mano de Pajapati. De vez en cuando sus familiares intentaban seducirla para que regresara a casa. Un día ella lo hizo, como cuenta el poema que sigue, pero no para quedarse, sino para transmitirles la doctrina y así conseguir librarles de sus deseos mundanos.

Era muy joven la primera vez que escuché, de boca del propio Buddha, la doctrina verdadera. Me había vestido con ropas limpias y ese mismo día comprendí las Cuatro Nobles Verdades. Fue entonces cuando desarrollé un profundo disgusto por todo aquello que complacía a mis sentidos. Comencé a temer a mi propio cuerpo y a anhelar los frutos de una renuncia que me libraría de él. Así que dejé atrás a mis familiares, a mis sirvientes, a mis esclavos, los feraces campos cultivados, las casas y el resto de hermosas posesiones y,

sin guardarme ni lo más mínimo, abandoné el mundo.
La fe era mi único equipaje. Mi guía era el camino interior que tan bien había sido desbrozado.

A estas alturas, cuando por fin se han extinguido los
deseos en mí, ya no tendría sentido intentar recuperar
el oro y la plata regalados. El oro y la plata no ayudan
a conseguir el despertar y la paz suprema. El oro y la
plata no les sirven para nada a los ascetas. El oro y
la plata representan una clase de riqueza inferior. Esta
clase de riqueza proviene de la codicia y vuelve loco
a uno. Esta clase de riqueza es un espejismo y causa
muchos problemas. Esta clase de riqueza provoca de-
masiados sufrimientos y es muy peligrosa. Esta clase de
riqueza es algo en lo que no puedes confiar. Los hombres se excitan pensando en esta clase de riqueza, se
vuelven egoístas, dejan que sus mentes se ensucien,
se pelean con saña los unos contra los otros.

Aquellos que se dejan dominar por los placeres sensuales son capaces, con tal de conseguirlos, de matar
y de robar, de provocar dolor y de traicionar, de perder su hacienda y su paz interior. Muchas calamidades
aguardan a aquellos que se dejan dominar por los placeres sensuales.

Familiares míos, ya sabéis que decidí abandonar el mundo porque he comprendido cuántos espantos esconde
aquello que aplaca los sentidos. ¿Cuál es la razón, entonces, por la que os comportáis como si fuerais enemigos míos, intentando que vuelva a despertar en mí
los deseos mundanos? Ni el oro ni las monedas, impu-

ros como son, pueden comprar la paz suprema. Nuestros adversarios más feroces son nuestros sentidos, carniceros que nos atan con fuerza antes del sacrificio.

Familiares míos, ya sabéis que decidí abandonar el mundo y lo que eso significa. Sabéis que mi cabeza está afeitada y que me cubro con un hábito de monja. ¿Cuál es la razón, entonces, por la que os comportáis como si fuerais enemigos míos intentando que vuelva a despertar en mí los deseos mundanos? Pedir las sobras de los otros y vestirme con harapos es lo que me corresponde. Alguien que vive a la intemperie no necesita más. Los grandes sabios se han distinguido por renunciar a los placeres de los sentidos, tanto a los humanos como a los celestiales. Los grandes sabios son libres, viven en paz y han alcanzado un estado de felicidad imperturbable.

Hago votos para no volver a despertar en mí los sentidos. Los sentidos son peligrosos. Los sentidos son enemigos. Los sentidos son carniceros. Los sentidos provocan sufrimientos tan terribles como los de los grandes incendios. Los sentidos son codiciosos y por eso temibles. Los sentidos le destruyen a uno. Los sentidos hacen que uno yerre su camino y que se vuelva imbécil. Los sentidos están llenos de espinas.

Los deseos que aguijonean los sentidos son temibles como la boca de una serpiente. Y a pesar de eso la mayoría de las personas, ciegas y tontas como son, se entregan a ellos a todas horas. Los ignorantes, que no saben hasta qué punto es necesario librarse de las cadenas que nos atan a la vida y a la muerte, se tiran con complacencia al barro de los placeres de los sentidos. Por culpa de los placeres de los sentidos la mayoría de las personas avanzan malaconsejadas por un camino que desemboca en nuevas existencias miserables.

Los placeres de los sentidos, verdaderos señuelos que usa el mundo para atraparnos, nos crean enemigos, nos queman, nos ensucian y nos encadenan a nuestros actos. Los placeres de los sentidos nos enloquecen, nos embrujan, enturbian nuestra mente. Los placeres de los sentidos son la red que Mara arroja sobre nosotros para corrompernos. Los placeres de los sentidos conllevan peligros infinitos. Los placeres de los sentidos traen toda clase de sufrimientos que acaban envenenándonos. Los placeres de los sentidos ofrecen, a cambio de unas pocas alegrías, enormes tristezas, la mayor de las cuales es gastar el caudal de los méritos acumulados.

Los placeres de los sentidos ya me hicieron demasiado daño en su momento. Ahora que he alcanzado el estado de paz suprema no volveré a ser presa de ellos. Anhelando la extinción de mis pasiones, batallé muy duro conmigo y por eso sé que no voy a encadenarme de nuevo a ellos. No me saldré de este Noble Óctuple Sendero gracias al cual tantos sabios han alcanzado la paz suprema, ese estado donde ya no hay sufrimiento, puro, sereno y claro.

Alabanzas que el Buddha dedicó a Subha:

Contemplad a Subha, la hija del orfebre. Daos cuenta de lo concentrada que parece mientras medita a los pies de un árbol. Hoy se cumple el octavo día desde que, confiada y decidida, abandonó el mundo. Mirad su belleza, que es la propia de alguien que ha comprendido a fondo el camino recto. Uppalavanna la instruyó acerca de las tres cosas que la mayoría no conoce y por eso ahora la muerte no puede tocarla. Subha es una esclava que ha sido liberada. Ya ha saldado todas sus deudas. Subha es una monja que sabe lo que ha de saberse, que ha hecho lo que tiene que hacerse y que no está apegada a su pasado. Por eso ya nada puede perturbarla.

Añadido por los que compilaron estas escrituras:

Sakka, el señor de todas las criaturas, usó sus poderes para acudir, acompañado de un gran séquito de dioses, a postrarse a los pies de Subha, la hija del orfebre.

SUBHA, LA DE LA ARBOLEDA JIVAKAMBA

Su nombre significa «brillante», «resplandeciente», «hermosa». Pertenecía a una familia brahmana de gran renombre de Rajagaha. Fue ordenada por Pajapati. Atendiendo al consejo del Buddha de «vagar solitarios como los rinocerontes», le gustaba adentrarse sola en la espesura de los bosques, algo que llegó a prohibirse cuando proliferaron los casos de monjas violadas. El poema se refiere a eso.

Cuando la monja Subha penetró en el agradable bosque de Jivakamba un granuja intentó seducirla. Subha le dijo:

Amigo, no es correcto que un hombre toque a una mujer que ha abandonado el mundo. ¿Por qué te interpones en mi camino?

Soy una mujer pura que sigue a rajatabla la disciplina enseñada por el Buddha. Así que ¿por qué te interpones en mi camino?

Tu mente está ensuciada por las pasiones y por eso está esclavizada por ellas; la mía, no, y por eso soy libre. Tú eres impuro; yo no. Así que ¿por qué te interpones en mi camino?

El granuja responde:

Eres una mujer joven y no precisamente fea. ¿Cómo puedes haber abandonado el mundo? Vamos, despójate de ese hábito amarillo y disfrutemos el uno del otro en la espesura tumbados sobre las flores.

Se puede aspirar el dulce aroma del polen de los árboles en flor flotando en el aire. Y estamos a comienzos de la primavera, la estación propicia a los placeres. Disfrutemos el uno del otro en la espesura tumbados sobre las flores.

Esos árboles de largas cabelleras florecidas parecen gemir de placer cuando la brisa los acaricia. ¿Puedes imaginarte, al contemplarlos, lo mucho que disfrutarías si aceptaras ir a la espesura conmigo?

Te has arriesgado a penetrar en este denso, tenebroso y solitario bosque sin la compañía de una amiga. En este bosque hay innumerables alimañas salvajes. En este bosque las elefantas barritan excitadas por la presencia de un macho.

Llamas la atención vagando por este bosque como lo haría una muñeca de oro o una hermosa ninfa procedente de algún cielo. No hay nada que pueda compararse contigo. Eres delicada y encantadora y qué bien te sienta ese fino chal de Kasi que llevas puesto.

Yo sería tu esclavo si aceptaras que viviéramos juntos en este bosque. Nadie te querría más que yo, mujer cuyos ojos destellan como los de las mujeres-pájaro famosas por su fidelidad, su sensibilidad artística y su belleza.

Si me dijeras que sí, serías muy feliz. Vamos, fundemos un hogar juntos. Estarás segura viviendo en mi palacio, donde tendrás a tu disposición un gran séquito de mujeres.

Cúbrete con ese chal de Kasi, maquíllate y perfúmate. Mientras tanto, conseguiré todos los adornos que necesites de oro, de piedras preciosas y de perlas.

Recréate en la lujuriosa cama que tendrías. Una cama aromatizada con sándalo. Una costosísima y hermosa cama con cojines de seda, colchas de lana y un inmaculado dosel blanco.

¿O es que prefieres llegar a la vejez, oh, aspirante a santa, sin que nadie haya tocado tu cuerpo como si fueras uno de esos lotos azules que florecen encima del agua, pero lejos de las manos de los hombres?

Subha:
Estás loco. ¿Es que no ves que este cuerpo de naturaleza frágil acabará descompuesto en un cementerio?

El granuja:

¿Que qué es lo que veo? Veo tus ojos, que son como los ojos de una cervatilla o como los ojos de una mujer-pájaro asomándose por la cueva de una montaña. Mirar tus ojos acrecienta mis deseos y me hace anticipar lo bien que lo pasaré haciendo el amor contigo. ¡Qué ojos! Dos brotes de loto azul en medio de tu cara dorada que me hacen anhelar tenerte entre mis brazos. Aunque te marches muy lejos nunca podré olvidar tus ojos: sus largas pestañas, su mirada cristalina, su brillo hechicero. No creo que haya nada que pueda compararse con tus ojos.

Subha:

Estás enfocando tu lujuria hacia una hija del Buddha. Estás sobrepasando todos los límites. Te crees que la luna es un juguete y que puedes saltar el monte Meru. No hay nada que yo desee de este mundo ni de cualquier otro, incluidos los de los dioses. Ya ni siquiera sé lo que es el deseo. El Noble Óctuple Sendero que me ha enseñado mi maestro ha extinguido de raíz todos mis deseos. No hay nada, repito, que pueda desear porque cuando una entra en el Camino verdadero apaga sus pasiones para siempre. Lo único que siento semejante al deseo es lo que siente el ascua cuando escapa del fuego o lo que siente un frasco de veneno cuando este se ha evaporado antes de que nadie se lo haya bebido.

Intenta seducir a aquellas que todavía no conocen la esencia de las cosas porque no han tenido la suerte de

165

encontrar un maestro que se las enseñe. Practica tu lujuria con ellas. Si lo haces con alguien como yo que
está en el camino verdadero lo único que puedes es-
perar es una respuesta decepcionante para ti.

Mi mente no se ve influenciada ni por los insultos ni por
las alabanzas, ni por la felicidad ni por el sufrimiento. Mi
mente, que sabe que todo no es más que apariencia,
no se apega a nada. Soy discípula del Buddha, en cuyo
vehículo, que nunca se sale del Noble Óctuple Sendero, soy transportada. La flecha de las pasiones ha sido
definitivamente arrancada de mi existencia. Las mal-
dades han sido barridas de mi interior. Me gusta esta
casa vacía que ahora soy. Déjame disfrutar de mi so-
ledad.

He visto muñecas pintadas y marionetas danzando al
son marcado por los que mueven sus cuerdas. Cuando las cuerdas son cortadas, las muñecas y las marionetas caen con estrépito al suelo descoyuntadas y dejan de bailar para siempre. Un triste espectáculo que
debería hacernos reflexionar. Mi cuerpo no es algo muy
diferente a eso. También está compuesto de pequeñas
partes ensambladas que un día dejarán de moverse.
Otro triste espectáculo sobre el que tendríamos que
sacar conclusiones.

¿No has visto alguna vez figuras tan bien pintadas en la
pared y tan realistas que las han confundido por un instante con personas de carne y hueso? Eso demues-
tra hasta qué punto los sentidos están listos para engañar a nuestra mente siempre que pueden. Eres un gran

ciego que persigue cosas inexistentes. Cosas fruto de las artes ilusorias de un mago. Cosas como esos árboles de oro que se nos aparecen en sueños. Como pasa con las bolas, hay muchas clases de ojos. Cuando lloran, semejan pompas de agua flotando entre los párpados. Sus secreciones son, en ocasiones, como gotas de laca derramándose por un agujero y, en otras, como gotas de leche.

Añadido por los que compilaron estas escrituras:

Entonces aquella tan agradable de mirar, la desapegada de todo, incluso de sus ojos, se arrancó uno de ellos y se lo dio al hombre mientras le decía «toma este ojo, te lo regalo». En ese mismo instante se extinguieron las pasiones del hombre, que además le pidió perdón mientras le rogaba: «Bendita mujer, devuelve tu ojo a su órbita. He aprendido la lección. Intentar seducir a alguien como tú es como querer abrazar el fuego o como coger con las manos una serpiente venenosa. Perdóname, por favor, y devuelve tu ojo a su órbita». La monja, a continuación, fue a encontrarse con el Buddha. Cuando este vio las señales divinas que el cuerpo de ella mostraba, hizo que el ojo regresara a su órbita.

ISIDASI

Por haberse entregado a comportamientos lujuriosos, durante varios siglos renació en distintos infiernos. Incluso llegó a ser animal en tres de sus vidas. En otra, fue la hija hermafrodita de una esclava. En una más, fue hija de un hombre pobre que la casó con el hijo de un guía de caravanas llamado Giridasa, con cuya primera mujer, a la que envidiaba por sus muchas cualidades, se peleaba con frecuencia. En tiempos del Buddha histórico, renació en Ujjeni como hija de un virtuoso, respetado y rico mercader. Cuando tuvo la edad adecuada, sus padres la casaron con el hijo de otro mercader de buena posición. Pero este la devolvió a su casa natal después de un mes de convivencia ya que, como consecuencia de sus pasadas vidas, ella se había convertido en alguien incapaz de despertar el deseo de un hombre. Desesperada por eso, y con el consentimiento de su padre, abandonó el mundo y se ordenó monja budista de la mano de Theri Jinadatta. No tardó en alcanzar la iluminación. Cuando sus compañeras de congregación le pidieron que les narrara sus vidas anteriores, ella les recitó el poema que sigue.

En Pataliputta, la ciudad con nombre de flor, el más hermoso lugar del mundo, vivían dos monjas muy cualificadas que procedían ambas de buenas familias del clan sakya. La primera se llamaba Isidasi y la segunda Bodhi y las dos eran virtuosas y responsables en sus esfuerzos por seguir el sendero correcto, se entregaban con fervor a la meditación y al estudio, y habían conseguido erradicar sus pasiones. Un día, después de haberse alimentado con la comida mendigada y haber limpiado sus boles, se sentaron, satisfechas, en un lugar apartado y Bodhi le hizo a su amiga esta pregunta importante:

«Eres tan encantadora y todavía tan joven, Isidasi. ¿Podrías decirme qué es lo que te hizo renunciar al mundo y a la vida de un hogar?».

Cuando Isidasi, que tenía una gran reputación como predicadora, fue así interpelada en aquel lugar apartado, contestó:

«Escucha, Boddhi, por qué renuncié al mundo y a la vida de un hogar».

Mi padre era un hombre rico de la ciudad de Ujjeni. También era alguien muy virtuoso. Yo era una hija muy amada por él, la alegría de su corazón, el centro de todas sus bondades. A su debido tiempo se presentaron los representantes de unos pretendientes provenientes de Saketa, todos de origen noble, para pedir mi mano. Entre ellos estaban los padres de otra familia muy rica y fue con el hijo de estos al que el mío me comprometió.

169

Como me habían enseñado, atendí a mi suegra y a mi suegro día y noche, me postraba a sus pies, les honré de todas las maneras posibles. Me ponía nerviosa cada vez que me cruzaba con mis cuñadas y mis cuñados o con los miembros de su séquito e incluso con mi mismo marido, y a cualquiera de ellos les cedía mi asiento. Trataba de complacerles con toda clase de comidas y bebidas, arreglándomelas para conseguirles las exquisiteces más raras y aprendiéndome los gustos de cada uno. Me levantaba muy temprano, me dirigía a la casa de mi señor y, después de lavar mis manos y mis pies, le saludaba respetuosamente. Entonces cogía un peine, algunos adornos, una caja de ungüentos para los ojos y le acicalaba como si fuera su sirvienta. Luego le hacía arroz con leche y, cuando terminaba, yo misma limpiaba su bol. Cuidaba a mi marido como una madre cuida a su hijo.

A cambio de todo eso, mi marido no hacía más que zaherirme. A pesar de que yo me comportaba bien, no era perezosa, estaba pendiente de él a todas horas y le trataba con el máximo cariño, él no desaprovechaba cualquier ocasión para humillarme. Siempre que podía le decía a sus padres que quería marcharse, con su permiso o sin él, porque no quería vivir conmigo. Ellos, por su parte, le pedían que no hablara así y alababan mi sabiduría y mi belleza, mi laboriosidad y mi devoción por él. A lo que replicaba que no es que yo me comportara mal, sino que no me soportaba, que me odiaba, que no quería volver a verme. Y reiteraba que se iría, aunque no estuvieran conforme con ello.

Después de un tiempo sin que esta situación cambiara, mis suegros llegaron a sospechar que yo había ofendido a mi marido de alguna forma y me interrogaron de manera insistente acerca de ello. Yo les contesté que jamás había tenido un comportamiento impropio con él, que nunca le había herido, que ni siquiera se me hubiera ocurrido dirigirle palabras inadecuadas y que, por tanto, no tenía ni idea de por qué mi marido me odiaba tanto. Entonces esas pobres gentes, que en realidad no entendían nada de lo que había sucedido, no tuvieron más remedio que devolverme a mis padres y, muy tristes, argumentaron que por ser fieles a su hijo habían perdido a una nuera que podía rivalizar con la diosa de la belleza y la fortuna.

Entonces mis padres resolvieron volver a darme en matrimonio por segunda vez. Mi nuevo marido, también muy rico, me aceptó a cambio de una dote que era la mitad de la pactada en mi primer compromiso. Viví con él apenas un mes. Me mostré virtuosa, pura y atenta a cumplir cualquier capricho suyo sin por ello impedir que me tratara más como una esclava que como una esposa.

Mi padre, a continuación, se dirigió a un asceta itinerante que mendigaba su comida, un hombre que, por haberse domado a sí mismo, podría domar también a los demás, y le pidió que se deshiciera de sus harapos y de su bol y que fuera mi marido en casa de ellos. Después de vivir con nosotros durante dos semanas, le reclamó a mi padre sus harapos y su bol y le comunicó que quería regresar al camino. Mi padre, mi madre y el resto de mis familiares, desesperados, le preguntaron que en qué me había equivocado y que, fuera lo que fuera, yo sabría ponerle remedio. Él, evasivo, contestó que se bastaba a sí mismo y que no quería vivir en una casa en la que estuviera Isidasi.

Nadie fue capaz de detenerle cuando se marchó y una vez más me encontré sola. Fue en ese instante cuando decidí que solo tenía dos soluciones: morir o abandonar el mundo. Entonces Jinadatta, la asceta itinerante, se presentó en la casa de mi padre para mendigar alimentos. Saltaba a la vista que era alguien con grandes conocimientos, virtuosa y disciplinada. Tan pronto como llegó me levanté de mi asiento y se lo cedí y luego me postré a sus pies y le ofrecí algo de comer. Intenté complacerla poniendo ante ella toda clase de cosas de comer y de beber, cualquier exquisitez que tuviera a mano. Y luego le manifesté mis ganas de abandonar el mundo.

Antes de que ella dijera nada, mi padre me dijo que podría practicar las enseñanzas del Buddha sin salir del hogar, que para eso bastaba con dar de comer y de beber a los ascetas y a los dos veces nacidos que acudieran a él. Con las palmas de las manos juntas en señal de respeto, me dirigí a mi padre llorando y asegurándole que sentía una enorme necesidad de destruir mi karma negativo. Mi padre, aplacado, me bendijo con unas hermosas palabras en las que hacía votos para que obtuviera el despertar y para que acabara alcanzando la experiencia suprema a la que puede aspirar el ser humano, que no es otra que la liberación.

Después de agradecer de la mejor manera posible a mis padres y familiares su comprensión, abandoné el mundo. A los siete días de hacerlo, llegué a saber las tres cosas que la mayoría no conocen, entre ellas cuáles habían sido mis siete vidas anteriores y cómo habían influido en mi vida actual. Escucha con atención porque te las voy a relatar.

En una ocasión fui un rico orfebre vecino de la ciudad de Erakaccha. Como consecuencia de una de esas locuras propias de la gente joven, tuve relaciones sexuales con una mujer casada. Fue por eso que cuando fallecí ardí en el infierno durante una larga temporada.

Después de eso, nací como mono. El jefe de la manada, un ejemplar enorme, me castró cuando cumplí los siete días. Eso fue fruto, claro, del adulterio que había protagonizado. Cuando morí en el bosque de Sindhava, volví a nacer como hijo de una cabra tuerta y coja. Como tal, fui también castrado, estaba infestado de gusanos, me cortaron la cola y me entregaron durante doce años a los niños para que me usaran de montura. Todo, de nuevo, como consecuencia de haberme prestado a seducir a la mujer de otro. Después de morir, renací como ternero de piel roja como la laca en el seno de un rebaño que pertenecía a un comerciante de reses. A los doce meses me castraron, lo que me convirtió en un buey. Tuve que tirar de carros, de arados y de carretas, perdiendo en ello mi salud y llegando a quedarme ciego. Aún, como puede comprobarse, seguía pagando aquella acción malvada.

En mi siguiente vida nací en la humilde casa de un esclavo y mi sexo no podía decirse que fuera claramente masculino ni femenino. Eso también fue por haber seducido a una mujer casada. Morí cuando tenía treinta años y renací siendo la hija de un carretero tan miserable que siempre estaba siendo asediado por sus acreedores. Uno de ellos, un jefe de caravanas, un día decidió cobrarse su parte, más los intereses, arrebatándome por la fuerza de casa de mis padres, de la que salí chillando y llorando. El hijo de este, que se llamaba Giridasa, se dio cuenta de que por mi edad, dieciséis años, ya habría llegado a la pubertad, y me reclamó como suya. Él ya tenía otra mujer, que era virtuosa, poseía buenas cualidades como persona y gran reputación y además amaba a su marido, pero yo me comporté con ella de manera que llegó a odiarme.

Ya conoces cuáles han sido las consecuencias de un acto malo. Al final, y a pesar de que era como una esclava para ellos, me acabaron echando de su lado. Ahora ya, sin embargo, todo eso felizmente ha terminado.

SUMEDHA

En tiempos del Buddha Konagamana, nació en el seno de una familia de comerciantes. A cierta edad, ella y sus amigas construyeron un gran parque y se lo ofrecieron a la orden budista. Gracias al mérito acumulado por ese acto, renació en el Cielo de los Treinta y Tres Dioses. Después de un glorioso periodo allí, lo hizo en sucesivos cielos hasta llegar a ser la reina del rey de los dioses. En la época del Buddha Kassapa, renació como hija de un ciudadano acomodado, donde siguió aumentando su karma positivo, de manera que pronto regresó al Cielo de los Treinta y Tres Dioses. Por fin, como contemporánea del Buddha histórico, volvió a nacer en la ciudad de Mantavati como hija del rey Koñca. A su debido tiempo sus padres consintieron en presentarla a Anikaratta, rajá de Varanavati. Pero ella, que desde muy pequeña había frecuentado la compañía de princesas de su edad y de las sirvientas adscritas al monasterio de las monjas budistas, a quienes había escuchado predicar la doctrina verdadera, había tomado la decisión de hacer todo lo posible por no volver a caer en las redes de los sentidos y así poder librarse de la condena que era volver a nacer de nuevo. Cuando sus padres y familiares le comunicaron su compromiso con el rajá, Sumedha se mostró en desacuerdo («Mis deberes no pasan por atender una casa, por lo que abandonaré el mundo») y, gracias a la firmeza que demostró, pudo disuadirles para dar marcha atrás en el trato. Antes de marcharse, consiguió, además, convertir a sus padres, a sus familiares, al rajá y al resto de los miembros del séquito que la acompañaban. Poco después alcanzó la iluminación. Muchas de estas cosas se cuentan en el poema.

En la ciudad de Mantavati vivía Sumedha, hija de la consorte principal del rey Koñca. Sumedha fue convertida por aquellos que siguen las enseñanzas del Buddha, gracias a lo cual pronto destacó por su elocuencia, sus virtudes y su erudición. En una ocasión se dirigió a sus padres con estas palabras:

«La renuncia es lo que lleva al nirvana. La vida es algo transitorio. Si ni siquiera para los dioses la vida es eterna, cuánto más la del resto de los seres. ¿Por qué razón tendría que entretenerme con el vacío de los sentidos, que dan menos alegrías que disgustos? Todo lo que los sentidos desean es amargo como el veneno de una serpiente, algo que parece no preocupar a los que corren detrás de ellos sin saber que esa picadura les hará caer en incontables infiernos. Esos estúpidos que no saben controlar lo que hacen usando correctamente su cuerpo, su lenguaje y su mente serán castigados allí prolongadamente por sus acciones malvadas. Esos descuidados que no atendieron a su debido tiempo las enseñanzas relativas a las nobles verdades, o que las olvidaron, y que extraviaron el sendero de la fe verdadera para poder seguir disfrutando de los placeres mundanos, por mucho que lo anhelen no podrán renacer entre los dioses».

«Madre, ni siquiera renacer entre los dioses le asegura a uno la eternidad. Cualquier nacimiento le coloca a uno en un lugar cuya esencia es la impermanencia. Pero a esos locos no les refrena la posibilidad aterradora de nacer una y otra vez. Cuando uno renace en alguno de los cuatro infiernos, que habitan animales, fantasmas y demonios, y no entre los dioses o entre los humanos, ya no hay salvación para él».

«Permitidme ahora, padre y madre, que prosiga con las enseñanzas que me han sido reveladas por aquel que posee los diez poderes. Ahora sé que mi única responsabilidad es esforzarme en librarme de mis deseos para dejar de nacer y morir indefinidamente. Ya no me regocijaré por el mero hecho de estar viva. Ya no volveré a creer que tener algo, en definitiva, tan insustancial como un cuerpo es una suerte. Por eso os pido permiso para continuar este camino mío que conduce a la cesación del sufrimiento que cualquier existencia produce. Tenemos que aprovechar la aparición de un buddha para aprender esto. De aquí en adelante no volveré a infringir los preceptos de la vida virtuosa ni me apartaré del sendero de la santidad».

Sumedha continuó dirigiéndose a sus padres con estas palabras:

«De manera que no volveré a ingerir alimento alguno mientras no consintáis en dejarme marchar. Si no lo hacéis, permaneceré en casa, pero lo que tendréis a vuestro lado será una muerta».

La madre de Sumedha, muy apenada, se deshizo en largos lamentos y el rostro de su padre se cubrió de lágrimas. Ambos intentaron razonar con su hija, que había caído desmayada sobre el suelo del palacio.

«¡Levántate, niña! ¿A qué viene provocarnos tantos sufrimientos? ¿Es que has olvidado que estás comprometida con el hermoso rey Anikadatta, que se encuentra en Varanavati? Estás destinada a ser la esposa del rey Anikadatta, es más, su consorte principal. Además, no es tan fácil ser fiel a las reglas de la vida virtuosa y avanzar por el sendero de la santidad. La realeza, por el contrario, te reserva, pequeña nuestra, respeto social, riquezas y poder, todo lo cual te hará muy feliz. Tienes que hacer lo que todas a tu edad: disfrutar de los placeres del cuerpo y de tus posesiones. ¡Cásate, por favor!»

Sumedha les contestó diciendo:

«No haré nada de eso. Estáis completamente equivocados. La existencia es algo sin sentido y no merece la pena. O me dejáis marchar o moriré, pero en ningún caso me casaré.»

«¿Por qué tendría que aferrarme, como un gusano, a este cuerpo impuro que acabará convirtiéndose en cadáver, a este saco repleto de inmundicias, putrefacto y hediondo? Sé perfectamente qué es un cuerpo:

carne y sangre repulsivas que terminarán devorando los pájaros y los gusanos. ¿Qué sentido tendría ofrecer algo así a un pretendiente? Este cuerpo mío no tardará en ser transportado, ya sin conciencia, al cementerio, donde será depositado como si fuera un mero trozo de madera por familiares contrariados. Cuando algo así ocurre y ese cuerpo es entregado para satisfacer el hambre de las alimañas, incluso el padre y la madre se quitan el asco purificándose con agua. Qué no harán los demás».

La mayoría de la gente está apegada a un cuerpo, que, insustancial como es, no es más que un conglomerado de huesos y de nervios y un depósito de saliva, lágrimas, heces y orín. Si le diéramos la vuelta, poniendo fuera lo que está dentro y al revés, ni la madre de uno podría soportar su hedor y se apartaría aguantando las náuseas.

Cuando me paro a pensar de qué está hecha una persona, cuáles son sus elementos constitutivos y cuáles sus sentidos y los objetos que los mueven, a lo que hay que añadir el sufrimiento en que se enraízan todas las vidas a causa del nacimiento, me aparto todavía más de la idea del matrimonio. Soportaría con gusto que trescientas espadas recién afiladas hirieran mi cuerpo cada día durante cien años si con eso acabara para siempre con este dolor.

Cualquiera aceptaría una carnicería como esa cuando entiende las enseñanzas del maestro acerca del samsara, ese ir renaciendo sin descanso para morir una y otra vez. Pues la carnicería del samsara no tiene fin:

uno puede renacer como ser humano o como dios, como animal, como demonio o como espíritu hambriento, y también en los infiernos. ¡Y hay que ver a qué torturas se ven sometidos los que acaban en alguno de estos! ¡Pero cuidado: ni siquiera los dioses pueden sentirse a salvo! No hay nada que supere a la felicidad que proporciona el desapego absoluto.

Aquellos que se esfuerzan con disciplina y siguen las enseñanzas de aquel que tiene diez poderes, alcanzan el nirvana y se libran de la vida y la muerte. Hoy mismo, padre, renunciaré al mundo. ¿Para qué me servirían esos placeres insustanciales que ponéis ante mí? Solo de imaginármelos me entran ganas de vomitar. Como el tocón de una palmera talada, que no vuelve a echar hojas ni ramas, así me siento yo.

Mientras Sumedha se dirigía de esta manera a sus padres, Anikadatta, su prometido, llegó, dentro del plazo convenido, a la ciudad de Varanavati para proceder a la boda. Justo en ese instante ella cogió un cuchillo y se cortó su negra, suave y espesa cabellera. Luego se recluyó en el interior del palacio y, sobre todo, dentro de sí misma, iniciando la primera de las meditaciones prescritas. Anikadatta había arribado a la ciudad y entrado al mismo palacio dentro del cual Sumedha, profundamente feliz, avanzaba en el conocimiento de la impermanencia de todo. Mientras ella estaba absorta, Anikadatta recorrió el palacio como una exhalación y, con su cuerpo aún más hermoso gracias al oro y las joyas que lo adornaban, le suplicó respetuosamente a Sumedha:

«El ejercicio de la realeza le confiere a uno autoridad, riquezas y poder, todo lo cual otorga la felicidad. Eres una mujer joven que tiene la posibilidad de gozar de los placeres del cuerpo, algo que no todos pueden lograr en este mundo. Te estoy ofreciendo mi reino. Disponte a disfrutar de lo que eso significa. Por ejemplo, la posibilidad de ser generosa con los demás. Deja de estar triste y deja de hacer sufrir a tus padres».

Entonces Sumedha, que no se engañaba acerca del hecho de que los placeres de los sentidos no son más que espejismos, le replicó con estas palabras:

«Veo que no te das cuenta de los peligros que acechan a esos placeres de los sentidos y que por eso los ensalzas tanto. Incluso Mandhata, un rey poderosísimo famoso por su sensualidad desenfrenada, acabó falleciendo insatisfecho por no haber podido llevar a cabo todos sus deseos. Aunque lluevan las siete clases de piedras preciosas en tal cantidad que desborden el orbe, anhelaremos todavía más. Los seres humanos, hagan lo que hagan, siempre mueren insatisfechos».

Los placeres de los sentidos son como el cuchillo bien afilado de un carnicero. Los placeres de los sentidos son como la cabeza erguida de una serpiente dispuesta a inocular su veneno. Los placeres de los sentidos son una tea encendida. Los placeres de los sentidos no son más agradables que abrazar a un esqueleto.

Los placeres de los sentidos son impermanentes, frágiles y producen sufrimiento. Los placeres de los sentidos son mortales como un veneno o como tragarse una bola de hierro ardiente. Los placeres de los sentidos son la raíz del mal, y el sufrimiento es el fruto que produce. Los placeres de los sentidos se parecen a romper la rama de un árbol para coger sus frutas o a arrancarse uno trozos de carne. Los placeres de los sentidos decepcionan como un sueño. Los placeres de los sentidos no son más que bienes prestados.

Los placeres de los sentidos son como espadas y lanzas, como enfermedades, como tumores. Los placeres de los sentidos traen consigo dolor y vergüenza. Los placeres de los sentidos son como una mina de carbones encendidos. Los placeres de los sentidos, espantosos y funestos, son la raíz del dolor.

Los placeres de los sentidos, cuyos muchos sufrimientos han quedado claros, no son más que obstáculos. Así que márchate. ¿No te das cuenta de que no confío en la existencia mundana? ¿Quién podría ayudarme si la cabeza de todos está en llamas? Cuando la vejez y la muerte le acechan a uno, lo mejor es que se vaya preparando para que sean la última vez que pasa por ellas.

Sumedha, que había estado hablando desde detrás de su puerta, la abrió y vio a su madre, a su padre y a Anikadatta sentados en el suelo y llorando. Entonces les dijo:

«Cómo puede alguien ser tan tonto como para querer entregarse a nuevos principios y finales. ¿Es que no tiene bastante lamentándose una y otra vez por el fallecimiento de un padre, el asesinato de un hermano o la propia muerte? ¿Es que no se dan cuenta de la montaña de lágrimas, de leche materna, de sangre y de huesos que se van acumulando nacimiento tras nacimiento? Océanos de lágrimas, de leche materna y de sangre. Un monte Vipula de huesos. Eso es todo lo que queda de ellos».

Pensad en la Gran India. Pensad que alguien la trocea en piezas tan pequeñas como semillas. Por incontables que sean, siempre serán muchas menos que el número de madres y abuelas que cada uno habéis tenido. Pensad en las briznas de hierba, en las ramas y en las hojas que hay. Pensad que cada una de ellas es rota en minúsculos pedazos. Por incontables que sean, siempre serán mucho menos que el número de padres y abuelos que habéis tenido.

Recordad la tortuga ciega que habitaba en los tiempos antiguos el mar oriental y lo que tardó en uncirse al yugo que flotaba en un mar diferente. Esas son nuestras posibilidades de volver a nacer entre los seres humanos.

Recordad que este cuerpo miserable no tiene sustancia y que no es más que una gran pompa de espuma. Recordad la impermanencia de cualquier vida. Recordad que los infiernos se alimentan de nuestra carnaza. Recordad aquellos que se empeñan en visitar vida tras vida el cementerio. Recordad el terror de renacer como cocodrilo. Recordad las Cuatro Nobles Verdades.

Cuando uno tiene a su alcance las dulzuras del nirvana, ¿qué sentido tiene que se detenga a probar los amargos frutos de los cinco sentidos? Pues no hay nada más amargo que los placeres de los sentidos. Cuando uno tiene a su alcance las dulzuras de la no-existencia, ¿qué sentido tiene entregarse al dolor en el que se acaban transformando los placeres de los sentidos? Pues todos los placeres de los sentidos queman, están podridos, bullen como un líquido al fuego y causan problemas.

Cuando uno puede vivir en paz, ¿para qué entregarse a esos fabricantes de enemigos que son los placeres de los sentidos? Los placeres de los sentidos se crean tantos enemigos como los reyes, los ladrones, las riadas y los malvados. Por eso te acaban haciendo tanto daño. Cuando uno tiene la libertad a su alcance, ¿para qué cometer actos que le lleven a prisión y más tarde al patíbulo? Una de las consecuencias más evidentes de entregarse a los placeres de los sentidos es la pérdida de la libertad y el doloroso castigo que esto acarrea.

Cuando alguien agarra un manojo de hierba y le prende fuego, si no lo suelta se quema. Los placeres de los sentidos son como teas que acaban abrasando a aquellos que las sostienen. ¿Por qué tendría uno que renunciar a una gran felicidad por las pequeñas felicidades que los placeres de los sentidos prometen? No provoques tu propio sufrimiento como hace el pez *puthuloma,* que se clava el anzuelo cuando intenta comerse el cebo.

Hay que ejercer un férreo control sobre los sentidos. Sois como perros atados con una cadena a los que vuestros sentidos ávidos tratan como los pobres hambrientos tratan a sus perros. Si os uncís al yugo de vuestros sentidos, vuestros sufrimientos no tendrán fin y vuestras mentes siempre se mostrarán inquietas. Así que será mejor que renunciéis a los poco fiables placeres de los sentidos.

¿Por qué alguien tendría que entregarse a los placeres de los sentidos, ese puente entre el nacimiento y la muerte en medio del cual está la enfermedad, si tiene a su alcance librarse de estas tres cosas? ¿Por qué desdeñamos un estado en el que no hay vejez, ni muerte, ni sufrimientos, ni enemigos, ni miedos, ni errores, ni obstáculos, ni problemas? Este estado situado más allá de la muerte es algo que ya han probado muchos. También nosotros podemos alcanzarlo. Cualquiera que lo intente de corazón puede hacerlo. Pero para ello hay que esforzarse mucho.

A medida que iba hablando, Sumedha se iba sintiendo más a disgusto con los elementos constitutivos y superficiales del mundo. Como gesto último para convencer a Anikadatta esparció por el suelo sus cabellos recién cortados. Él, entonces, se levantó e hizo un gesto respetuoso con las manos mientras pedía a los padres de ella que la dejaran marchar para que pudiera profundizar en las Cuatro Nobles Verdades y alcanzar el nirvana. Cuando estos consintieron, ella, inquieta por los duros trabajos que la esperaban, por fin pudo abandonar el mundo. Muy pronto, mientras todavía estaba en una temprana fase de su aprendizaje, dominó los seis poderes sobrenaturales y pudo saborear los más altos frutos. La consecución del nirvana por esta hija de un rey fue, en verdad, algo extraordinario y poco usual. Como también lo fue lo que ella dejó dicho acerca de sus vidas anteriores:

«En la época del Buddha Konagamana fui una de las tres amigas que, estando en el parque adyacente al nuevo monasterio, le ofrecieron un *vihara*. El resultado de esa buena acción fue que renacimos entre los dioses decenas de veces, cientos de veces, miles de veces, decenas de miles de veces. Y que, beneficiadas también por ese acto, renacimos entre los seres humanos un número incontable de veces. Cuando nacimos entre los dioses, éramos realmente poderosas. Y lo mismo pasó cuando renacimos entre los seres humanos. En una ocasión incluso fui la consorte principal de un rey que gobernaba el mundo entero».

«Aquel regalo fue lo que me hizo aceptar en paz las enseñanzas del Buddha. Aquel primer encuentro con un *buddha* anterior fue lo que me llevó a entrar en el sendero abierto por él y a terminar alcanzando el nirvana. Aquellos que confían en las enseñanzas de aquel que encarna la sabiduría perfecta y se ajustan a ellas con sus actos primero desarrollan una fuerte aversión a la existencia y luego, dándole la espalda, por fin se hacen libres».

editorial **K**airós

Puede recibir información sobre nuestros
libros y colecciones o hacer comentarios
acerca de nuestras temáticas en:

www.editorialkairos.com

Numancia, 117-121 • 08029 Barcelona • España
tel +34 934 949 490 • info@editorialkairos.com